# 富める者だけの資本主義に反旗を翻す

ベンチャー事業経営者
原丈人
聞き手・奥野武範

新潮社

# はじめに――すべての「若い人」へ

奥野武範（ほぼ日刊イトイ新聞／この本の聞き手・文）

原丈人《じょうじ》という人について説明しようとすると、ちょっと困ってしまいます。わかりやすく言うなら「世界で活躍する実業家」です。アメリカ・中国からアフリカ諸国にいたるまで、その活動のフィールドはまさに地球大。先週アメリカのカンファレンスに出ていたと思えば、今週は香港の大学で講義していたりする。来週は横浜にある原鉄道模型博物館の館長として、館内を疾駆する鉄道模型に目を細めているかもしれません。

かように多岐にわたる原さんの役割のなかでも、ひとつ大きなものが「ベンチャーキャピタリスト」でしょう。会長を務めるデフタ・パートナーズでは、次世代の技術を開発せんとするベンチャー企業に着目し、資金と助言を提供し、ときに世界的な大会社へと導いてきたからです。また、創業期に出資しパートナーを兼務していたアクセル・パートナーズは、全米第2位のベンチャーキャピタルでもありました。

しかし、ことあるごとに原さんは「ベンチャーキャピタリストと呼ばれたくない」と言うのです。さらに、企業というものは「必ずしも上場する必要はない、しないほうがいい場合だってある」ともおっしゃいます。その心根に「著しい貧富の格差を生み出す現在のアメリカ主導の経済の仕組み」を「ブッ壊したい」という静かな炎を燃やしている。そういう人なのです。現在の支配的なベンチャーキャピタリストのあり方とは、たしかに、まったくちがいますよね。このちいさな本には、そんな原さんの「おもしろさ、とんでもなさ」がたっぷりと詰まっています。


原さんとはじめて会ったのは、リーマン・ショックの少し前、2000年代後半にさしかかる時期だったと記憶しています。

当時は「ハゲタカファンド」なんて言葉が流行ったころ。浅学ゆえの偏見もあり、わたしもベンチャーキャピタリストという肩書から、原さんのことをすこし訝《いぶか》しんだ目で見ていたかもしれません（すみません！）。でも、まるで少年のような目をした原さんの「ちょっと聞いたことのない話」に、いつしか引き込まれていきました。

あるときに「パソコンなんてみんな使わなくなる。これからはタブレットの時代です」とおっしゃったんです。2000年代後半ですから、当時、どこを見渡しても「タブレットPC」なんて見当たりません。みんな「デスクトップもしくはノート型のパソコンで、大いに便利に」仕事をしていたのです。いまや誰もが使っている「魔法の箱」を、みんな使わなくなる……？　そんな日が、もうじき来る？　その場にいる誰もがピンときていなかったと思います。

でも、いまや「そんな日」は到来しつつあります。そのときの日本ではまだ初代iPhoneも発売されていませんでしたが、原さんは当時、タブレットPCに関わるベンチャー企業に投資していたのかなあと、いまでは思います。次の時代を担うテクノロジーはこれだと見極め、自らのお金をつぎ込んでいたからこそ、あれだけきっぱり「予言」できたのかもしれないな、と。

またあるときは、とつぜん「地図」を描き出したことがありました。それは「アフリカ全土の地図」でした。大陸の輪郭を大雑把に描くんじゃありません。アフリカの国々を、個々のかたちも正確にひとつひとつ描いていくのです。大陸の左上のモロッコあたりからスタートして、いちいち国名を口にしながら、アフリカ54カ国を一国ずつ、真っ白な紙に描き込んでいく。何にも見ずに、です。

本書には「大学入学直後、入国困難だった冷戦下の共産圏をひとりで旅した」とか「ホントですか⁉」なんてエピソードが、いくつも出てきます。はじめて聞くような話ばかりで、なぜか笑っちゃうくらいなのですが……。あのとき「目の前で、みるみるアフリカ大陸がうまれていく」経験をしていた自分は、その後どんな突飛な話を聞いても「原さんならやりかねないな」という妙な納得をするようになりました。

本書は、第一に、若い人へ向けた本です。いまにも世界へ飛び出そうとしている若者たちに、ぜひ手にしてほしいと思ってつくりました。

内容は、原丈人という人の「半生記」です。と同時に「人はどう生きるべきか」についての、原さんならではの哲学や価値観が詰まった本です。

あらためて原丈人さんとは、1952年生まれの、世界で活躍する実業家です。その人生はまるで冒険家のようです。第1章にぞくぞく登場してきますが、じつに個性あふれる家族に囲まれて育った少年時代から、不意に考古学と出会い、魅了され、中米のジャングルに分け入った青年時代。そこから一転、シリコンバレーで光ファイバーディスプレイの会社を興したスタンフォードの貧乏学生時代。やがてビジネスで成功を収め、アメリカ第2位のベンチャーキャピタルの経営者となったそのあとは、アジアの教育問題やアフリカの栄養問題の解決に取り組んで……と、ここまで書いても、原さんの人生の「とんでもなさ」には足りません。

原さんは、世界各国の政府に顧問やアドバイザーとして招かれたりもしています。

原さんのビジネスやプロジェクトがその国で成功し、現地の人々に受け入れられているからです。日本よりも「世界で有名な日本人」なのです。

そんな原さんの半生を、合計12回、20時間以上にわたってうかがう機会を得ました。原さんは、何か教訓めいたことを言うわけではありません。過去に経験したこと、そこから学んだこと、尊敬する先輩から教わったこと、そして、それら経験や知見からたどり着いた「自分の考え」を語る「だけ」です。でも、そこに、たくさんの「宝石」がちりばめられています。問題を解決するためのアイディアや、新たな価値を生み出すためのヒント。そんな「宝石」が、あっちこっちに。

原さんの言うことに「納得できない」ことも、あるかもしれません。それはそれでいいと思います。なにせ中学時代、理不尽な校則に納得できず、たったひとりで「丸刈り」に抵抗し続けた原さんです。きっと「いいよ。自分の頭で考えてごらん」と言ってくれるでしょう（丸刈り拒否のエピソードは、第1章に出てきますので、お楽しみに）。若い読者には、この本をリュックに詰めて、まだ見ぬ大海原へ漕ぎ出してほしいと思います。

個人的な話で恐縮ですが、自分にも中学生と小学生の子どもがいます。ふたりには、まだ少し難しいかもしれない。でもいつかは、親として、この本を手渡せたらと思っています。

と、同時にこの本は（年齢的に）「若くない人」にも読んでほしいのです。たとえば、いまの自分を変えたいとか、新たな挑戦をしたいけど迷っているなんて人には、ぜひ。直接的な「答え」は書かれていませんが、きっと「勇気」をもらえます。動かなきゃ、行動しなきゃって、ぐっと背中を押されるはずです。何歳だろうがチャレンジしていいんだと思えます。だって原さん自身、いまだに、若き日に志した「考古学」の道へ戻ろうとしているのです。アジアの教育問題、アフリカの栄養問題など道半ばのプロジェクトや、革新的な医学の事業化、そして理論化を進めている公益資本主義の研究など、いろんな「やりたいこと」が実現を阻んでいるようですが、原さんは、諦めていません。いつか「いち考古学徒」へ戻ろうと、目の前の仕事に取り組んでいるのです。変わりたかったり、挑みたかったり、諦めたくなかったりする人は、みんな「若い人」だと思います。年齢などに関わりなく。そんな人すべてに、読んでほしいと思います。

お待たせしました。そろそろ原さんに、その冒険に満ちた人生の物語を語っていただきましょう。まずは、少年時代の思い出から。それでは原さん、お願いします！

# 富める者だけの資本主義に反旗を翻す　目次

## 第4章　なぜ学ぶ？　人生を切り拓くために。
### 大学とは夢を実現するための武器を得るところ



## 第5章　人は「信頼」されると「奮起」します。
### リーダーになったら、まずは仲間に信頼を与えよう

## 第8章 ルールやシステムは、もっとよくできる。
### いい子で従ってるだけじゃ何も変わらない

富める者だけの
資本主義に
反旗を翻す

# 第1章

## 大切なのは「自分の頭で考える」こと。

他人の決めたルールがおかしいと思ったら、どうする?

# 父は、あこがれ。信念の人

わたしは1952年に生まれ、大阪の天下茶屋《てんがちゃや》で育ちました。祖父母と両親、きょうだいと一緒に大きな家で暮らしていました。当時はめずらしくもないですが、いまから考えると大家族でしたね。祖父と祖母は、ふたりで母屋に。両親は、わたしたちきょうだいと、離れに。祖父は、いまのコクヨを創業した黒田善太郎。その娘が、わたしの母。その母と一緒になったのが、父の原信太郎《のぶたろう》です。

母屋と離れとは、廊下でつながっていました。すべての部屋が畳敷き、障子やふすまで仕切られ、床の間には掛け軸がかけられていました。冬になると、どの部屋にも火鉢が置かれました。雨戸を引くと、庭。たくさんの木が生えていましたが、いちばん大きかったのが、柿の木でした。季節になると、はしごをかけて、みんなで上って柿をもいで食べたりしました。わたしは、その家が、大好きでした。

庭には、ビワの木も生えていました。これにも、おいしい実がなるんです。だからビワは、いまでも好きな果物のひとつです。夜になると、母が、ビワの実にリスが悪戯をするというような歌を歌ってくれたもんだから、いつのまにかリスのことも好きになっていました。子どものころには、たとえば、そんな思い出があります。そして、なかでも強烈に覚えているのが、父のつくる「鉄道模型」でした。

父・原信太郎は、祖父の興したコクヨで働きながら、それ以外の時間のすべてを「鉄道模型」に費やしていました。

父は、わたしにとって、あこがれの人でした。なぜなら、当時の「鉄道模型」は少年たちの夢だったのですが、それを父は「つくってしまう」んです。できあいの模型を買ってくるんじゃない。「自分でつくる」んです、ぜんぶ。何にもないところから、夢のような車両を生みだすのです。プラモデルのようなものではありません。ひとつひとつの部品、つまりネジ1個から、すべて自分の手でつくりだしてしまうのです。中ぐり旋盤、プレス機、あらゆる種類のハンダ……機械や道具を駆使して金属を加工し、車体に穿《うが》つリベットなど細かな部品もすべて自作して、車両を組み上げていました。幼かったわたしには、まるで「魔法」のように見えました。

できあがった「鉄道模型」は、実際にレールの上を走ります。もちろん父がつくった鉄製のレールの上を、です。本物の鉄道に装備されている「回生《かいせい》ブレーキ」も搭載しています。減速などの際に失われてしまう運動エネルギーを電気に変えて再利用するシステムです。その意味では「模型」ではありません。ちいさいけれども、本物の鉄道と変わりないのです。

後にわたしは、鉄道模型のおつかいを父に頼まれ世界中を飛び回り、たくさんの素晴らしい鉄道模型の職人と知り合うのですが、父ほどの人にはついぞ出会いませんでした。あこがれの人を超えて、奇跡の人です。父のつくった1000両以上の鉄道模型は、いま、横浜にある原鉄道模型博物館の中を元気に走り回っています。

とにかく父は、「鉄道模型」となると他のことが一切視野に入らなくなる人でした。話しかけても完全に無視（笑）。もちろん、わたしたち子どものこともまったく気にかけません。家にいるときは鉄道模型に全神経を集中していました。わたしが受験勉強をしていたときでも、わたしより夜遅くまで鉄道模型と向き合い、朝はわたしよりもはやく起きて模型をつくりはじめていました。

あるときに「事件」が起こりました。父はよく、自らの鉄道模型を持ち出して広い公園で走らせていたのです。日曜日に、公園の中にレールを敷いて。父のつくった鉄道模型、蒸気機関車はいちばんの出来でしたから、いつも大勢の見物客が集まってきては、そのようすを眺めていたそうです。わたしも、そのような会に一度だけ連れて行ってもらったことがあります。それは、大阪の万代池の近くのお寺の境内で行われた、木炭焚きの蒸気機関車の運転会でした。わたしがまだ2歳だったので、1954

年くらいのことです。父は、アメリカ軍払い下げのジープに自慢の蒸気機関車とわたしを乗せ、お寺の境内に着くや、大いに機関車模型の運転に興じました。やがて時間が来ると、なんと父は、大切な機関車模型だけをジープに乗せて帰ってしまったのです。わたしを、忘れて。まだ2歳のわたしを、夕暮れのお寺の境内に置き去りにして。

父のジープが天下茶屋の家に着いたとき、待ちかねていた母が「丈人は？」と尋ねました。すると父は、そこではじめて「あ、忘れてきた」と（笑）。当時、身代金目的の誘拐事件がよく起こっていたそうで、母は真っ青になりました。そして電車に飛び乗り、わたしを探しに来てくれたのです。わたしはたったひとり、日の暮れた万代池のほとりを、とぼとぼ歩いていたそうです。母は、そのとき、この子を父親に預けたら大変なことになると悟り（笑）、以来、わたしを鉄道模型の集まりには連れていかせなかったそうです。

そんな父に影響されたのか、小学校へあがったわたしは、父に「鉄道模型を教えてほしい」と何度も頼みました。でも、絶対に駄目。鉄道模型は、大人のものだと。子どものおもちゃじゃないんだ、と。少しでも模型に触ろうものなら「バチッ！」と手を叩かれました。

鉄道模型に関しては、怖い父でしたね（笑）。少し納得いかなかったけれども、大人になってからという言葉を信じて、我慢しました。そして中学へあがったころ、父は約束どおり、鉄道模型について教えてくれるようになりました。そして、そのことが、後のわたしに大きな影響を与えることになります。

ちなみに父は、死ぬまで着物で通した人でした。それも下は「白い襦袢《じゅばん》」です。ふつう男性は色のついた襦袢を着るものだけれど、父はいつでも「白襦袢」を着ていました。ようするに、昔のお殿さまが切腹する時に着るものです。

戦争中、日本の特高や憲兵に睨まれて捕まったら、父は「日本は、この戦争に負ける」と言わざるを得ないと覚悟していたそうです。東工大で自動車部を創設した父は、当時の日産のエンジンとフォードのエンジンを比較し、その圧倒的な技術力の差に「アメリカには、絶対に勝てない」と確信していました。それはゆるぎのない事実ですから、どうしたって「この戦争には負ける、だから戦争反対だ」と言わざるを得ない。そうすると、おそらく不敬罪に問われ、拷問されるだろう。そんなふうにして殺されるよりは、自分で自分の命を絶つという強い意思表示として、父は、白い襦袢を着ていたんです。戦争中から戦後、亡くなるまで。会社にも、着物で通っていました。権威に対する反骨精神を、死ぬまで貫いたんです。

父は95歳で亡くなったのですが、最期まで元気でした。偏食家で、豚肉も鶏肉も魚も野菜も嫌いで、牛肉しか食べないんです。そのくせ、大好物のコカ・コーラは毎日2リットルも飲んでいました。1995年くらいに、当時のコカ・コーラの副会長と食事で同席したとき「コカ・コーラが大好物で、毎日半ガロンは飲んでいる」と言ったら、副会長に「健康は大丈夫か？」と心配されたほどです（笑）。

こういうこともありました。コクヨが事務机の分野へ参入したとき、通産省から呼び出しがあったのです。机をつくるなら「ＪＩＳ規格」に従いなさい、と。でも父は、従いませんでした。なぜなら当時のＪＩＳ規格は、ドイツのＤＩＮ規格をベースにしており、日本人の体型に合っていなかったからです。そんな規格で椅子なんかつくったら、床に足がつかずブラブラしてしまう。外国からの「借りもの」をもとに製品をつくることはできない。そういう理由でした。

通産省からは、何度も通達が届いたといいます。紙製品を製造していたコクヨを、事務机のマーケットへ参入させたくなかったのかもしれません。当時の通産省は非常に力が強く、二輪車を製造していたホンダが四輪車をつくろうとしたときも、通産省が「まかりならん」と。「すでに四輪車メーカーはたくさんある、ホンダは二輪車に特化しなさい」と言われて、本田宗一郎《そういちろう》さんは料亭のテーブルをひっくり返さんばかりに怒ったそうです。

通産省からは、再三にわたる「出頭命令」も届きました。それでも父は、一度たりとも通産省へ出向きませんでした。「何度もご連絡いただき、申しわけありません。そこまで会いたいとおっしゃるなら、恐縮ですが大阪まで来ていただけませんか。よろこんでお会いします」と言って。

とにかく父は通産省の偉い役人に反抗してでも、日本人の身体に合った机をつくらなければならないと考えていたんですね。消費者にとって素晴らしい机なら、役所のつくった規格に合ってなくても売れるはずだと確信していたのです。

その後コクヨは、事務机の分野でマーケットシェア1位の会社となっていくのです。わたしにとって「あこがれの人」であり「奇跡の人」である父は、ゆるぎのない「信念の人」でもあったのです。

## 鉄道模型の知識や技術をコクヨで活用

何もないところから鉄道模型をつくるには、さまざまな知識や技術を身につける必要があります。たとえば、機械工学。いかにして、ピストン運動を車輪の回転運動へと変換するか。実際に車両を走らせるには、ギアでエンジンの回転数やトルクをコントロールする必要もあります。あるいは、溶接技術。ハンダづけはもちろん、ハンダの利《き》かないアルミや銅、錫をどのように扱うか。窯業の分野に関わる知識も必要になります。

中学へ入ると、父はまず、そのあたりのことを教えてくれました。高校へあがると、こんどは電気について。直流・交流はもちろん、直流でも交流でもない「脈流」なども父から教わりました。学校では習わない、実践向けの知識です。そして最後には制御工学、いわゆるコンピューターサイエンスの分野まで。こうして、学校の教科書には載っていない知識や技術を、父と父の鉄道模型から学んだのです。

後年、わたしが実業家・ベンチャーキャピタリストとして技術やテクノロジーの分野に力を注ぐようになるのも、思えば、このときの経験が大きかったと思います。

他方で、勤め人としての父は、コクヨの技術部門を育てた人でした。父が部署を立ち上げた当初は「技術係」と言ったそうで、自ら技術係長に就任しました。まあ、係長といっても父の上には誰もおらず、父の下にもひとりしかいないような、本当に小さな「係」でした。それを父は、大きくしていくのです。

技術係は技術課となり、父も係長から課長になって、さらには「技術部」となりました。技術部長となった父は生産の合理性を飛躍的に高め、コクヨという会社が発展する礎《いしずえ》をつくります。たとえば、父が入社して10年目の1961年から1991年までの30年間で、コクヨの売上高は約60倍になりました。その間、工場を動かすために要する従業員の数は、3分の1以下で済むようになったそうです。それだけの生産性の向上を達成したわけですが、父は、印刷の工程やノートや便箋などを製造する工程に、自らの「鉄道模型で培った知識や技術」をふんだんに注ぎ込んでいったのです。結果として、それまで100人がかりでつくっていた製品をたった3人の従業員で済ませるほど、生産の合理化・機械化を推し進めたのです。もちろん、仕事のなくなった「他の97人」はクビにすることなく、別の部門に異動させ、社業のさらなる拡大に貢献してもらったそうです。

商品の流通面でも、大きな改革を行っています。たとえば、商品在庫をダブつかせないようにする画期的な仕組みを考え出しました。全国3000店ほどの比較的大きな文房具店・小売店を選んで、今日はどの製品がどれだけ売れたかという情報を、その日のうちに、コクヨの八尾《やお》工場に集約したのです。そして、その日に売れた製品を売れたぶんだけつくり、商品在庫と余計な倉庫代を抑えるシステムを1960年代に発明しました。

いわゆる「Point Of Sales」、いまの「POSシステム」が開発される遥か昔の話です。在庫をふんだんに持たなくとも、本社工場で必要な数さえつくって、それを全国約3000の大規模小売店に直接、納品する。そのため各地方のコクヨ支店の倉庫は必要なくなり、すべて新製品のショールームに変わりました。

また、八尾工場を世界初の「立体自動倉庫」につくり変えたのも父です。それまでの倉庫の概念は「だだっ広い、1階建ての平屋」でした。父は、そうではなく工場内にレールを敷いて、そのレールの上に商品を吊り上げるクレーンつきのエレベーターのユニットを走らせたんです。いまの Amazon の倉庫をはじめ、物流の合理化とスペースの効率化に欠かせない立体自動倉庫の原型を、あの時代に構想し、すでに実現していたのです。

ちなみに、コクヨで父が取得した特許は100を越しています。それも、特許を申請する際の申請料は、しばらく「自腹」だったそうです。

社内に知財の専門家のいない時代で、「原くんね、特許を出すのはいいんだけど、申請料は自分で払いなさいよ」なんて言われて、給料から捻出していたそうです。しょっちゅう「また特許にお金がかかるなあ」と言っていました。それなのに父は、会社を退職するさい、それまで取得した特許の権利をすべて会社に譲渡してしまったのです。自分の父ながら、カッコいいなあと思います。

## 技術の力で、多くの人を幸せにする

父はよく、小学生のわたしを会社の工場へ連れて行きました。わたしも父のジープに乗せてもらえるのがうれしかったから、毎回、ついていったんです。でも、じつはわたしは、工場そのものは嫌でした。特有の油のにおいが苦手だったし、とくに夏は、ものすごく暑かったから。当時ですから、工場に冷房機なんかついていないのです。

そんな工場の中で、あるとき「お父さんの仕事は何ですか」と聞いたことがありました。すると父は、壁に貼り出された大きな紙を指差したのです。そこには、工場における「死者」と「怪我人」の数が書かれていました。「死者」はいつでも「ゼロ」でしたが、「怪我人」の欄には、そのときどきによって「3人」とか「5人」と書かれていました。当時は、自動安全装置のない機械も多かったし、とくに夏場は暑くて注意力も散漫になりますから、誤って機械で怪我をしてしまうなんてこともあったんでしょう。ともあれ父は、その壁の大きな紙を指差しながら、こう言ったんです。

「お父さんの仕事は、技術の力で、あの『怪我人』をゼロにすることだ」と。

父は、自分の職業的な使命は、工場におけるあらゆる危険を取り除き、安全快適な職場環境をつくることだと考えていたんです。それを「技術の力で成し遂げるんだ」と。

その言葉を聞いて、わたしは、父と父の仕事に強く誇りを持ちました。そして「お父さん、工場で働くたくさんの人たちのために、もっともっと頑張ってください」と言ったんです。

それからしばらくして、父はわたしを別の工場へ連れていきました。夏だったのでまた暑いんだろうと思っていたら、涼しかった。その工場には、冷房機が入っていたんです。そして、壁の「怪我人」の欄を見たら「ゼロ」でした。やはり、働く場所を快適にすることで危険を減らし、安全な環境をつくることができるのだとわかりました。

あとから聞いたことなんですが、当時、旧財閥系の企業出身で、祖父がお世話になった方を会社の重役にお迎えしていたんですね。本来であれば大きな銀行の頭取になるような人で、すごく偉かったそうです。わたしの祖父がつくった会社なのに、祖父より偉いくらい（笑）。

その方に「原くん、キミね、技術担当なんだったら冷房機くらい導入しなさい」と言われたそうなんです。その方は、当然のように、まずは自分の部屋をはじめ重役室から入れなさいという意味で言ったわけです。でも父は、工場から先に冷房機を入れました。重役室を差し置いて。その工場に、わたしを連れて行ってくれたのです。

あとから父は、その偉い人にひどく叱られたそうです。当時は労使の対立の激しい時代でもありましたから「君は労働者の味方をするのか！」などと言われて。しかし父は「冷房機を入れなさいという指示をいただきましたが、どこから入れたら会社にとっていちばん有益かを考えて、工場にしました」と答えたそうです。偉い人に歯向かってでも、自らの使命である「怪我人ゼロ」を実現したのです。

冷房機によって怪我人がゼロになったことの他にも、思わぬいいことがありました。それは、製品の「歩留《ぶど》まり」が上がったこと。つまり、夏場には、従業員の汗が紙製品にボトボト落ちることによる不良品が出ていたんです。工場内を涼しく快適にしたおかげで、汗による不良もなくなりました。冷房機を工場に入れることで職場が安全となり、従業員は快適に働くことができるようになった。かつ、不良品も減って会社の利益もいっそう上がるようになった。重役室にクーラーを入れたところで、そんなことは起きなかったでしょう。当然、自動車のエアコンもトラックから導入し、重役専用車は「どうぞ、窓をお開けください」と。

一事が万事、そういう父でした。誰に対しても、どれだけ偉い人に対しても、自分の信念を貫く。わたしも、いつのころからか「父のように生きたい、ああいう生き方がかっこいい」と思うようになりました。そして、技術やテクノロジーを適切に扱うことができたら、多くの人を幸せにできると確信したのです。

## 競合他社をつぶすなと言い続けた祖父

祖父の黒田善太郎からも、大切なことをたくさん学びました。

もっとも祖父は、わたしが中学生のころに亡くなってしまいましたから、直接的な記憶はそれほどありません。しかし高校生、大学生になると、祖父が書き残したものを読むようになりました。祖父の教えは、時間を超えて、さまざまなことを教え続けてくれています。

たとえば祖父は「絶対に競合他社をつぶすな」と言い続けました。どんなにコクヨが大きくなっても、そう言い続けたのです。

具体的には「マーケットシェアを30％以上は取るな」と。30％を超えて50％以上も取ってしまえば、価格の支配力を持つようになる。そうすると、コクヨは黙っていても儲かるようになる。それのどこが悪いんだ……と思いますよね。祖父が言うには「工夫をしなくなる」と。向上心を持たなくなるんだ、と。だから、マーケットシェアは30％以上は取るなと言い続けたのです。

もうひとつ、祖父から教わったことがあります。それは「会社の利益とは、社会に貢献したごほうびである」ということ。そして「そのごほうびをもらえるのは、会社を成功に導いた全員だ」ということです。全員というのは従業員とその家族、取引先、そして地域社会まで含んでいます。いわゆる「ステークホルダー」とは異なる、いまわたしが「社中《しゃちゅう》」と呼んでいる人たちのことですね。オーナーつまり株主の取り分があるとすれば、そのあと、いちばん最後だ……と。

この考え方は、わたしが長く提唱してきた「公益資本主義」の考えとぴったり重なります。よく、原さんは公益資本主義を渋沢栄一から学んだんですかと聞かれるんですが、わたしは渋沢の『論語と算盤』さえ読んだことがありません。祖父の企業家精神から学んでいるのです。

　また祖父は、明治時代につくった会社が昭和に入ってやっと黒字化したとき、最初の利益で聾唖《ろうあ》者《しゃ》のみなさんの学校をつくりました。祖父は富山の出身なのですが、富山から大阪へ職を求めて出てきた郷土の後輩たちが、耳が聞こえない、言葉を話せないというだけで差別を受けないよう、学校をつくったんです。

　さらに、その学校の卒業生のために、聾唖者専用の工場もつくりました。それは、彼らが「かわいそうだから」つくった工場では決してなく、耳の聞こえない人、言葉を話すことのできない人たちの個性を活かした工場でした。つまり、もっとも高い集中力を求められる「紙を漉《す》く工場」だったのです。祖父の学校を出た聾唖者のみなさんは、おしなべて集中力が高く、いい紙を漉いてくれたそうです。だから、いわゆる障害者の工場だけれども、給料を安くすることもありませんでした。当然ですよね。いい製品をつくってくれるんだから。

　何十年も前に祖父のやっていたことこそが、わたしがいま取り組んでいる途上国でのプロジェクトや、将来実現したい夢にとっての、最高の見取り図なのです。わたしは、祖父の真似事をし続けているといってもいいくらいです。

## 母から教わった「公平であること」の重要性

わたしは3人きょうだいの長男なのですが、母から、弟と妹をしつけるのはあなたの仕事だと言いつけられて育ちました。

薩摩《さつま》に「郷中教育《ごじゅう》」という教えがあります。先生から教わった人が、こんどは「先輩」として、後輩にその教えを伝えていくというものです。そのやり方で、母は、弟と妹の教育をわたしに任せたのです。母から教わったことのなかで、とくに大きかったのは「公平であること」の重要性です。

母はよくマーブルチョコレートを1本わたしに預けて「3人で公平にわけなさい」と言いました。きょうだい3人でまったく同じ数になるよう、分配しなさいというのです。一粒余りが出たときには、母が弟と妹に「お兄ちゃんがきちんと数えて公平にわけてくれたんだから、お兄ちゃんにあげましょうね」と言いました。年長者だからとか、そういう「曖昧な理由」ではなく、幼い弟や妹でも十分に納得できる理由です。だからわたしも、その思いに応えるように、二粒余ったら、年少のふたりに一粒ずつあげたりしました。そうすると、ふたりは、必要以上に感謝してくれるんです。兄はマーブルチョコの数をごまかさない人間だと思われたのか、弟や妹は、いまだにわたしの言うことをよく聞いてくれます（笑）。

父からは、自らの信念を貫くことの重要性を教わり、母からは、公平であること、人に優しくすること、親切にすることの重要性を学びました。「人がよろこんでくれると、丈人、おまえもうれしいだろう？」と、母は、いつもわたしに言っていました。たしかに、弟や妹がよろこぶと、こっちもうれしくなるんです。人がよろこんでくれると、わたしがうれしい。このことは、いまでも、わたしの人生の指針のひとつとなっています。

## ひとりだけ長髪を貫いた中学時代

小学校は、大阪の追手門《おうてもん》学院小学部に通っていました。昔は「偕行社《かいこうしゃ》」といって、帝国陸軍の幼年学校みたいなところでした。非常に「しつけ」の厳しいことで有名で、ちょっとでも校則を破ろうものなら、昔の軍隊式に平手打ちが飛んでくるような学校でした。ただ、中学校は、追手門から近くの大阪市立船場《せんば》中学へ通いました。追手門には中学部もあるのですが、当時、大阪の中学校は「男子は全員、丸刈り！」だったのです。で、わたし、丸刈りが大っ嫌いなんです。これは、戦前の日本軍が大嫌いだった父の影響です。父はよく「丸刈りを見ているだけで軍隊を思い出す」と言っていました。

そんなわけで、わたしも丸刈りが大っ嫌いな少年に育ちました。そこで長髪ＯＫの中学校を探したんですが、当時の大阪には、ほとんどありません。私立の追手門でさえ、中学に入ると丸刈りにさせられる。

そんな中、ほとんど唯一丸刈りにしなくてよかったのが、大阪市立船場中学校という公立校だったんです。船場の商家の人たちの自由な気風が残っていたからじゃないかとも思うのですが、はっきりしたことはわかりません。とにかく船場中学だけは「長髪ＯＫ」だったんです。

わたしよりも両親の意思のほうが強かったかも知れませんが、そんなこんなで、船場中学へ進学することになりました。そうしたら「大変なこと」が起こったのです。入学初日に。

わたしの入学と同時に赴任してきた新しい校長先生が、入学式の挨拶で、こう宣言したのです。「わたしは、この学校を改革したいと思います。まず第一に、男子生徒の長髪という乱れた風紀を変えるところから着手します」と。そして「現在、長髪にしている男子生徒諸君は、来週までに必ず丸刈りにしてきなさい」と、壇上から命令したのです。

わたしは「冗談じゃない！」と思いました。でも、すでに入学してしまっています。いまから中学を変えるわけにはいかない。けれども、絶対に、丸刈りにはしたくない。そこで、わたしは、命じられた期限である翌週になっても、丸刈りにしませんでした。登校してみると、およそ300人の生徒のうち、280人くらいは丸刈りにしていました。残りの20人も、順番に先生に説得されてゆき、1学期の終わりまでには、長髪の生徒は、わたしただひとりになってしまいました。

先生からは、つねに「丸刈りにしてこい」と言われ続けました。でも、わたしは、その後も自分自身の判断で長髪を貫きました。もともと父に影響された「丸刈り嫌い」でしたが、父は機関車以外にはあまり関心を示さないものだから（笑）、そのあと相談しても「自分で勝手にやれ」としか言ってくれない。丸刈り問題については、真剣に取り合ってくれないんです。母は、もう少しやさしかったんですが、最終的には「自分で考えて、自分で決めなさい」と。

結局、夏休みを挟んで2学期がはじまる9月1日になっても、わたしは長髪のままでした。当時はヘアスプレーなんかありませんでしたし、わたしは寝グセをちょこちょこっとなおしたくらいのボサボサ髪で毎日登校していました。

そうすると、いまでもハッキリ名前を覚えているんですが、ある英語の先生が、授業中に「おい、植木鉢！」って、わたしのことを呼ぶんです。英語の先生だけじゃない、音楽の先生も、数学の先生も、長髪のわたしのことをおかしなあだ名で呼び、笑いものにして、暗に「丸刈りにしろ」という圧力をかけてくる。それでもわたしは、断固として丸刈りにはしませんでした。

その年の11月くらいかな、大手商社のハンブルク支店に勤めていた方が大阪に転勤となり、そこの家の子息が転入してきたんです。

ドイツから帰ってきたわけですから、当然、長髪です。そこでわたしは彼に「丸刈りを強制されるなんておかしいと思わないか、もし君も変だと思うなら、ぼくらふたりは断固として長髪を貫こう！」と提案したんです。彼も無理やり丸刈りにされるなんて絶対におかしいと憤慨していました。これでようやく味方ができたと、とてもうれしかったですね。でも、翌週になると、彼もやっぱり丸刈りになっていました。

落胆してなぜだと彼に詰め寄ると、いや、あのあと先生が何人も家に来て、原という長髪の不良とつき合ったらおたくのお子さんは勉強ができなくなる、大変なことになりますよって親を説得したんだと。その結果、無理やり丸刈りにさせられてしまったらしいんです。

そうやって束の間の味方もいなくなってしまったのですが、それでも、わたしは先生たちの圧力には屈しませんでした。誰が何と言おうと、自分の信念を貫き通すこと。幼稚園児のころから、わたしは、祖父や父母からそう教わってきたのです。学校で先生方から変なあだ名で呼ばれても、ぜんぜん平気でした。

そういえば、ふと思い出したことがあります。わたしが中学1年生のとき、父が出張でフィンランドへ行ったのです。しばらくして帰国した父に、どこへ行ってきたんですかと聞くと「スオミだ」と。当時は「スオミ」なんて言葉は聞いたことがありませんでした。そこでスオミってお父さん、どこですかと訊ねると「フィンランドのことだよ」と教えてくれました。どうしてフィンランドと言わないんですかとさらに聞いたら、父は「フィンランドは英語だろう。すべての国の名前は、その国の言葉で呼ぶのが正しいんだよ」と教えてくれたのです。

そこから好奇心がわき、ドイツはドイッチュラント、スウェーデンはスヴェリエ、ノルウェーはノルゲ、デンマークはダンマルク、スペインはエスパーニャ……。学校では教わらないけれども、父の外国人の知人に聞いたり、父の本で調べたりして「その国の言葉で言う国名」を調べ上げました。そして、学校の地理の試験でも、その国名で解答したんです。

数日後、地理の先生から呼び出されました。ドイッチュラント、ノルゲ、ダンマルク……「これは何だ」と。先生、わたしはその国の人々が自分の国の言葉で呼ぶ国名で解答したんですと答えました。それにたいして先生は「まかりならん、追試だ」と言う。「次は、絶対に日本語で書きなさい」と。つまり「英語式の呼び名をカタカナで書け」ということですね。

わたしは頭にきたものだから、追試では、父が戦前に使っていた大日本帝国時代の地図帳を引っ張り出してきて、そこに書いてある漢字の国名で解答してやりました。つまり「日本語」で。そしたら先生、またわたしを呼び出して「日本語で書きなさい。誰が中国語で書けと言ったのですか」と怒ったのですが……（笑）、父の地図帳を見せたら、最終的には「わかったわかった、もういい」とゆるしてくれました。でも、高校入試のときは書くなよ、点数がもらえないからな、と付け加えて。

その先生は大田清之助先生というお名前で、のちにとても仲良くなりました。たくさんのことを教えてくださった、大好きな先生のひとりです。

## 校則を破るなら「きちんとした身なりで」

船場中学1年の3学期に、母がたびたび学校に呼び出されていることを知りました。さまざまな要因があったと思いますが、やはり、学校の指導どおり丸刈りにしてこなかったことが最大の理由でしょう。お母さんからも厳しく言ってくださいと先生から言われていたんだと思います。それなのに母は、わたしには何にも言ってこない。学校に呼び出されているということさえも、です。わたしは、自分のせいで母が気の毒な思いをしていることを偶然知ったんです。さすがに忍びないと思いました。なので、たった一度だけ、中学1年の3学期の最終日だけ丸刈りにして春休みを過ごしました。でも、新しい学期がはじまる4月には、もう髪の毛は伸びていました。

長髪のせいで先生たちからは「不良」と呼ばれていて、そのことも不本意でした。当時から、不良は勉強ができないというイメージがあったんですね。だからわたしは、せめて勉強ではトップをとろうと決めました。そして一生懸命に勉強し、国語も、数学も、社会も、理科も、英語も、すべて学年トップクラスでした。わたしの長髪のせいで肩身の狭い思いをしている母を、すこしでも安心させようと思ったのかもしれません。それでも、二度と丸刈りにすることはありませんでしたが。

ちなみに学校の教科では理科と社会が得意でした。理科のおもしろさについては、小学校3年のときの佐川博先生が教えてくれたのですが、それ以来、大好きになりました。

佐川先生は、たとえば「夕焼けは、なぜ赤いのか?」という問いの「答え」を教えるのではなく、まずは自分自身で徹底的に調べるための参考書や実験器具の使い方を教えてくれたのです。ここでも「自分の頭で考える」ですね。そのおかげもあって、科学や技術に対する好奇心が耕されました。テクノロジーへの探究心は、こうして、深められていったのだと思います。

さて、中学の校則の禁止項目は30くらいありました。試験でカンニングしてはいけないとか、始業から終業まで校外に出てはいけないとか。もちろん「男子は丸刈りにしなくてはいけない」という項目も、そのひとつ。

わたしは、それらの禁止項目を、ひとつひとつ吟味せず、何にも考えずに従うことが嫌でした。そこで、それら禁止項目の中から、破ったところで自分にも、他の生徒にも、地域社会にも、誰にも何にも迷惑をかけないものはどれか考えました。

その結果、大方の禁止項目が「破っても誰にも何にも迷惑をかけない」と判断できました。でも、だからといって、ただちに破ってしまったわけではありません。それは、やや性急な行動だと思えました。「もともと長髪だったものを丸刈りにしない」こととは、ちょっとちがう気がしたのです。そこで、父のところへ相談に行きました。自分だけの判断では心配だったんでしょうね。父に、これこれこれだけの校則は、従う意味のないルールだから破ろうと思うが、どう思うかと訊ねました。そしたら父は、それら禁止項目をたいして見ないうちから「それだけの規則を、おまえは破ってもいいと思っているんだな」と言いました。そして「だったらいっそのこと、ぜんぶ破ったらどうだ」って（笑）。そんなことを言われたら逆に大変だと思い、もういちど慎重に考え直して、破る校則をさらに吟味することにしました。

破ろうと決めた校則のひとつに、たとえば「外出禁止」がありました。学校が大阪城のすぐそばにあったので、お昼休みなんかに大阪城公園を散歩すると、大変いい気晴らしになるんです。でも、それをやったら、校則違反。そこでまず、その禁を破ることから実行に移そうと決めたのですが、さすがに最初は心臓がドキドキしっぱなしでした。学校の門を出るまでの間に、あるいは、無事に校外に出たとしても見回りの先生に見つからないか……と、ヒヤヒヤしていたのです。でも、それも何度か外出するうちに気にならなくなり、お昼の散歩がどんどん楽しくなりました。

あるとき、懐《ふところ》にナイフを隠し持っているような不良連中がやってきて、彼らも丸刈りなんだけど（笑）、こう聞くんです。「原くん、俺たち気がついてるんだ。君、毎日、昼休みに校外へ出て行ってるよな？　あれはいったい何をしてるんだ？」って。わたしは「大阪城公園を散歩してるんだよ」と、ありのままを答えました。すると「先生に捕まらないのか？」と、さらに聞いてくる。「捕まったことなんかないよ」と答えたら「俺たちが出て行くと、絶対に捕まるんだ」と言うのです。見回りの先生に問いただされて、学校に戻されてしまうんだって。だから「どうして原くんは捕まらないんだ？」と、不思議だったんでしょう。現にわたしは、見回りの先生に捕まったことなどありませんでした。でも、散歩の途中で、学校の先生とすれちがうことはあったんです。その場合もコソコソせず「先生、こんにちは」と挨拶することさえありました。そう聞くと不良たちは「それだよ、どうして君は捕まらないんだ！」と、さらに詰め寄ってくるのです。そこでいちど、彼らと一緒に散歩に行ってみることにしたんです。

約束の日、彼らと待ち合わせをしたら、わたしには「捕まる理由」が一目瞭然でした。何しろ、みんな帽子のかぶり方が真っすぐじゃないし、詰め襟のいちばん上のボタンを留めていない。ひと目で「学校を抜け出した不良連中だな」と思われてしまう。あんな身なりをしていたら、そりゃあ捕まりますよ。校則を破って散歩に出かけるときは、詰め襟のボタンをしっかり上まで留める。帽子は真っすぐにかぶる。身なりをきちんと整えたうえで、堂々と散歩に出ていくことが重要なんです。そこで彼らに「ぼくの言うとおりにしてくれたら、きっと捕まらないよ。一緒に散歩に行きたいなら、身なりをちゃんと整えてくれ」とお願いしました。

そうやってみんなで大阪城公園を散歩していると、案の定、向こうから見回りの先生がやってきました。わたしが先頭に立って、不良連中は、わたしの後ろについていました。ここは、堂々としていることが重要な場面です。コソコソしていては、絶対に止められます。そのときも、何食わぬ顔で会釈をしたら「船場中学は課外学習ですか、気をつけなさいね」と言われて終わりでした。

教訓めいたことを言うなら「これはちがう」と納得できないルールがあったとしても、それを乱暴に、無闇に破ったってうまくはいかないんです。ルールには「破り方がある」んですね。中学時代は、おもしろかったです。長髪は卒業まで貫きました。

## 病院のベッドでドイツ語を習得した高校時代

高校受験では、埼玉の慶應義塾志木高校に合格しました。幼稚舎から高校まで慶應に通っていた父が福沢諭吉を非常に尊敬しており、その影響で、わたしも慶應にあこがれていたのです。東京には父の実家がありましたから、合格発表のあと慶應を見学しに行ったんですね。いい学校だな、ここで勉強できたらいいなあとは思ったんですが、あこがれの慶應に通うということは同時に、大好きな家族と別れて暮らすことでもありました。それに、大阪の家には機関車もあるし……。あんなに楽しい家を出て、ひとりで東京に暮らすのはつまらない、さみしいと思ってしまったんです。

結局わたしは、慶應に進学することをやめ、もうひとつ合格していた大阪府立大手《おおて》前《まえ》高校へ進学することにしたのです。いくらあこがれの慶應でも、家族と離れて暮らすのが嫌だったのです。

慶應への進学をやめて大手前高校へいくことも、わたしは、自分ひとりで決めました。そういった類の相談については、両親、とくに父は「自分で決めろ」と言うに決まっていたからです。

高校生になると、父は鉄道模型について、さらに詳しい知識や技術を教えてくれるようになりました。たとえば、模型を動かす際に重要な電気系統などについてです。そんな折、高校2年の7月でしたが、弟が盲腸になってしまいました。じつはわたしも、同じ時期に盲腸になっていたのです。ところが、わたしは少々我慢強いところがあるのと、自分より弟のことが心配だったので、両親に言わなかったんです。そして弟の看病を一生懸命にやっているうちに、わたしの盲腸のほうが悪化してしまったのです。

結果的に腹膜炎《ふくまくえん》を引き起こしてしまい、高校2年の2学期と3学期は学校に通うことができなくなってしまいました。病状は大変に悪く、おなかの中にドレーンを入れて、たまった腹水を排出するという治療を何カ月にもわたって続けなければなりませんでした。手術も2回。思いがけず、みじめな高校生活になってしまったんです(笑)。でも、そのときにわたしは、せっかく時間がたっぷりあるのなら学校では習わないことをやろうと思い、ドイツ語の勉強をはじめました。

なぜドイツ語だったかというと、鉄道模型の世界では必須の言語だったからです。当時はドイツの鉄道が世界最高の出来栄えでした。父の部屋の本棚にも、ドイツ語の文献がたくさん挿さっていました。また、そこには鉄道模型の関連書籍だけでなく、ハインリヒ・ハイネやルートヴィヒ・ベルネなど、ドイツの文学作品もありました。それまでドイツ語は聞きかじっていた程度だったので、意味までは理解できていませんでした。そこで、病院に入院している時間を利用してドイツ語を学び、ドイツ語で書かれた文章の意味をとれるまでになろうと決め、実行しました。学校の先生からは、ドイツ語なんか受験科目にないぞと呆れられながら、それでも、父の読んでいるドイツ語の書物を理解したい一心で、わからないところは父に教わりながら学び続けました。そのときの勉強のおかげで、今でもドイツ語圏の旅行では、言葉ではそれほど不自由しません。

受験ということで思い出しました。大手前高校は、いわゆる「進学校」だったので、音楽や美術の時間を数学や英語に振り替えていたんです。このことについては納得がいかなかったので、たったひとりで反対運動を起こしました。もともと音楽だった時間が数学に変わった場合、わたしだけ机の向きをひっくり返して黒板に背を向け、音楽の勉強をやることにしたのです。当然、先生は怒ります。だって、授業中にひとりだけ背中を向けているんだから。でもわたしは、なぜそうしているかの理由を堂々と言うことができました。大学に入れば経済学部だとか工学部、理学部、法学部など専門にわかれるでしょう、専門以外の音楽や美術を学べるのはいま、この高校時代が最後なんです、わたしたちの最後のチャンスを奪わないでください……と。

先生は、いや、君の言い分もわかるけど、東大や京大の受験科目には音楽や美術はないんだよ、そんな科目をわざわざ勉強せずに、数学や英語、選択科目の世界史や日本史や地理を勉強したほうがいい大学に入れるじゃないか……と。それもひとりだけじゃなく、何人もの先生が口々に説得にかかってくるんです。わたしは、何と言われても頑として聞き入れませんでした。先生たちも、そのうちあきらめて、何の干渉もしてこなくなりました。

高校時代の一時期、わたしは社会主義や共産主義に興味を持ちました。考え方に共感したというより、知的な興味、好奇心からでした。それって一体、どんなものなんだろう、と。当時は米ソ冷戦の真っただ中。母校・大手前高校の卒業生の中には、全共闘の議長だった山本義隆《よしたか》という人もいました。だから彼の本や書いたものを、けっこう読んでいたんです。社会主義者や共産主義者と自然に接する機会もあったし、自ら理論を勉強するようになってもいました。そういう時代だったんですね。

社会主義や共産主義を学び進めるうち「共産主義では生ぬるいんじゃないか」と考えるようになりました。つまり、世の中を変えるには「無政府主義」でなければならない、と。そこまで考えが進んでしまったんです。ただ、一言で「無政府主義、アナーキズム」と言ってもクロポトキン、プルードン、バクーニン……何人もの論客がいて、いくつもの主張があります。当時の大手前高校には左翼系の日教組の先生が多く、その影響もあって「社会主義研究会」というクラブにも所属していました。しかし、共産主義や社会主義、無政府主義について、いくら書いてあるものを読んでも、いまひとつよくわからない。それぞれの主張の本質的な部分が、机上の勉強では、いまいち実体的に理解できなかったのです。そこでわたしは、高校を終えるころには、ソビエト連邦という国のリアルな姿を、いつか自分の目で実際に見てみなければと思うようになりました。結果として、当時は渡航困難だった共産圏を、たったひとりで旅することになるのですが……このことについては、あとの章で、きちんとお話ししようと思います。

## 自分の頭で考えなければ、新しいものは生まれない

このように、祖父や父、母から教わったことが、いまのわたしの考え方や行動に強く影響を及ぼしています。小学校を出るまでは行儀や立ち居振る舞いをはじめ「どう

いう人間であるべきか」を徹底的に叩き込まれました。言ってみれば「上からの教育」ですね。幼いころには、ある程度そういう教え方も必要だろうと、これは実体験から思います。しかし中学校に入ってからは、父母は、わたしに出来うる限り「自由に」考えさせました。さまざまな問題を自分の頭で判断させようとしたのです。高校時代に大きな病気をしたときには、さすがに家族もいろいろ相談に乗ってくれましたが、それ以外の場面では、徹頭徹尾「自分の頭で考える」ように育てられたのです。そこどこまで自分で考えることができるか、どこからは助けが必要なのか。父母は、そこを、しっかり見極めてくれていました。仮に自分の頭で考えて「失敗」しても「それもまた勉強だ」と。実際、少々の失敗なんて、長い人生においては大したことではありませんからね。ほとんど「放任」です（笑）。だから、わたしも自分の興味の赴くことばかりやっていましたし、学校の勉強とは関係ない本ばかり読んでいました。でも、そのおかげで、通り一遍の授業では習うことのできない、幅広い知識を得ることができたと思っています。

そうそう、中学1年生のときに、母が『理科実験大事典』という分厚い本を買ってくれました。その本には200例くらいの化学実験が載っていたんですが、わたしは、その200例の実験を、中学の3年間ですべてやってしまいました。たとえば「カルメ焼きをつくる」だとか「おもちゃのロケットを飛ばす」だとか、少年の胸をワクワクさせるような、おもしろそうな実験がたくさん紹介されていたのです。誰に命じられたわけでもなく、自ら進んで、すべての実験をやりとげました。楽しかったですよ。だから、ぜんぶやれたんでしょうね。父から教わる鉄道模型のことと合わせて、学校の授業の何倍もの知識を身につけることができたのです。

後ほどくわしくお話ししますが、わたしはずっと「教育を受けた、健康で豊かな中間層を全世界につくりたい」と思って行動してきました。そのためには、何をすべきか。どのような法律を整えたらいいか。学問的な裏付けとなる理論をどうしたらいいか。制度設計は、そのための金融政策は。具体的なテクノロジーをどう発想し、開発していくか。何もないところから何かを生み出していくためには、どうしても「自分の頭で考えること」が必要です。どこをどんなに探しても答えのない、前例のないことをやろうとしているからです。そうやって「自分の頭で考えたこと」を、実際の現場に出かけていって、ひとつひとつ自分の目で確かめていく。そして、さらに深く詳しく調べを進め、これならいけるという確信を得たらビジネスとして取り組み、軌道に乗せていく。わたしの行動や考えに賛同し顧問として招いてくれた各国政府にも、自分なりに考えた法律や制度、金融・財政政策などを提言していく。それもこれも、大もとをたどれば、祖父や両親から「自分の頭で考えなさい」と言われて育ったからだと思っています。

## 各国の政府顧問を引き受けてきた理由

わたしはこれまで、日本政府の内閣府参与をはじめ、政府首脳の相談相手となって、「好き勝手なこと」を言ってきました。世の中を変えるためには、外側からどれだけ騒いでも難しい。変革すべき主体の中へ入り込んで、その場で理解者をつくり、内側から変えていくほうが効率的なのです。これまで、さまざまな政府の役職に就いてきたのは、そうした考えからです。日本だけでなく、アメリカ、ヨーロッパ、アフリカ諸国、アジア諸国の各国政府にも「顧問」などのかたちで関わってきました。

それらの地域で進めているわたしのビジネスが、地域の人々に受け入れられているからこそ、その国の政府が協力を要請してくるんです。たとえば、バングラデシュではマイクロクレジットの専門家養成事業。アフリカではスピルリナによる栄養改善プロジェクト。わたしたちのビジネスが、その国にとって有益だと思われているから、頼まれるんです。政府関係者だけでなく、Google の親会社 Alphabet のチェアマンであるジョン・ヘネシーなどビジネス界の方々とも会います。わたしが、彼らに対しても「公益資本主義」の理念を説き「あなた方の信奉する株主資本主義は間違っている」とはっきり言うものだから（笑）、最初はみんなびっくりして、でもそのうちにおもしろがって、わたしの話を聞きにきてくれるんです。そのときに政府の担当大臣も連れてきたりして、その流れで「政府顧問をやってくれないか」と。

ただ、すべての依頼に応えることはできないので、つねに「世界で同時に2カ国」だけ選んでやるようにしています。ある時期は日本とアメリカだったり、またある時期は日本とアフリカだったり。日本は少しお休みして、アフリカとアメリカをやったりしていた時期もあります。すべての依頼に応えていたら、本来やるべきことがままならなくなってしまうからです。わたしにとって、それほど本末転倒なことはありません。本来やるべきこととは、もちろん「公益資本主義を広めること」によって「教育を受けた、健康で豊かな中間層を世界中につくること」なのです。

もっとも、外国政府にしてみれば、わたしは「外国人」です。でも、彼らの目には「日本の利益を代表している人」には見えないようです。なぜならわたしは、つねに公益資本主義の観点からものを言うからです。相手が株主資本主義のアメリカであろうが、経済的に発展途上のアフリカ諸国であろうが、共産主義の中国であろうが、日本であろうが、わたしは公益資本主義の提唱者として発言し行動しています。

将来、10年後20年後、あなたの国で「教育を受けた、健康で豊かな中間層」を築きたいかどうか。どんな国からの依頼に対しても、まず、そのことを確かめます。「築きたい」という答えが返ってくれれば「では、公益資本主義で実現しましょう」と。その点に賛同してもらえるかどうかを、最初に確認するのです。賛同すると言ってくれたら、政府のお役目を引き受けます。それが、ほとんど唯一の条件です。「教育を受けた、健康で豊かな中間層をつくりたい」という願いであれば、どんな国の政府でも持っているものですよね。その願いを叶えることができれば、自分たちの国を安定的に運営していくことができるから。であるならば、わたしは、最終的なゴールを共有し、話し合いながらでも一緒に歩んで行くことができると思っています。そしていつか、世界のあらゆる国の人々にも、公益資本主義の考え方を理解してもらえると信じています。

## 公益資本主義とは何か

ここで「公益資本主義」について、簡単に説明しておきましょう。公益資本主義の考え方では、企業とは「社中」つまり「従業員、その家族、顧客、経営陣、取引先、地域社会、株主、そして地球」からなります。社中とはつまり、会社を成功へ導くために力を合わせる仲間のことです。何をするにしても水や空気などの資源を利用していますから、わたしは「地球」も社中の一員と考えています。その点で、いわゆる「利害関係者」を意味する「ステークホルダー」とは異なる概念です。「社中」は「仲間」なのですから、利益が上がったら「みんなでわける」つまり「立場に応じて公正に分配すべき」です。たとえば、災害などの際には、株主配当をなくして地域に分配してもいいわけです。しかし、現在の世界を覆っているアメリカ発の「株主資本主義」では、そう考えません。さまざまな面で公益資本主義とは正反対なのです。

株主資本主義では、まず「社中」のうち「経営陣」と「株主」にのみ、利益を極端に分配しようとします。それどころか、名だたるアメリカの巨大企業、たとえばヒューレット・パッカード、マイクロソフト、ＩＢＭ、Ｐ＆Ｇ、ファイザーなどの企業では「税引き後利益の１００％以上」を「株主に還元している」のです。つまり「利益のすべて」を差し出しても足らず、借り入れしてまで株主に分配しようとしている。「会社は株主のものだ」と考えている。それは、明らかにおかしいでしょう。

対して公益資本主義では「すべての社中に対して、長期的に利益を還元していく」ことを目指します。従業員、顧客、取引先、地域社会にまず分配し、その上で余ったお金があれば株主に還元すべきだと考えています。決して「株主」を疎《おろそ》かにするわけではありません。従業員を大切にすることで会社の業績が上がれば、株価も上がって、最終的には株主もより多くの利益を得ることができるからです。現在の「株主資本主義」のように、率先して「株主だけ」に莫大な利益を渡してしまうのをやめようということです。公益資本主義は、世界の国々にとって喫緊の課題である格差問題を解決する現実的な理念・手段として注目されはじめています。

## 世界があこがれる日本をつくりたい

いま、わたしが集中して取り組んでいる分野に先端医療などの「ライフサイエンス」があります。たとえば、難病の治療センター設立を構想したり、新薬認可のスピードを上げるための制度改革や規制緩和を働きかけるなど、さまざまなプロジェクトを世界中で行っています。人間の寿命は、いつ尽きてしまうかわかりません。80歳なのか、90歳なのか、100歳まで生きるのか。自分のことなのに、誰にもわからないのです。安全に穏やかに過ごせれば80歳まで生きられたはずの人も、途中で交通事故に遭ってしまうかもしれない。あるいは、癌などの病気に罹ってしまうかもしれない。でも、そうやって不慮の事故や病気に遭っても、高い医療技術によって健康を回復することができ、すべての人が、与えられた寿命をまっとうするまで元気に生きていける……わたしは、この日本を、そういう国にしたいと思っています。そんな国は、まだ世界にひとつもありません。わたしは、世界でいちばんはやく、日本をそういう国にしたいと考えているのです。

経済的には、日本はもう、アメリカと中国に勝てないでしょう。そんな簡単に諦めないでくれとも言われますが（笑）、勝てないものはしょうがない。1995年当時、中国のGDPは日本の7分の1でした。それが2010年には、日本を追い抜きました。今から3年後の2028年には、アメリカのGDPと同じくらいになります。そのとき、日本のGDPは中国のGDPの5分の1になっています。中国との比較だけで見れば、日本の経済力は1995年の時点から「35分の1」にまで落ち込んでしまうのです。この流れは、変えようがありません。中国、アメリカ両大国に経済力で対抗することなど、どだい無理な話なのです。当然、軍事力でもかなわない。であれば、どうするか。それは、日本が、中国やアメリカはじめ世界から「あこがれられる国になる」ことだと思うのです。

中国は、これから急速に超高齢社会へ突入していきます。わが日本では、中国以上に高齢化が進んでいます。わたしは「そこにこそチャンスがある」と考えています。すべての国民が、それぞれの天寿をまっとうする直前まで、癌などの重い病にかかっても健康を回復できる国。目が見えなくなっても再び光を取り戻すことができ、怪我をして車椅子生活となっても再び立って歩けるようになる、世界初の独立国家。そういう国は、世界でもっとも高齢化が進んでいる日本だからこそ、実現できると思うのです。もちろん、便利な魔法などありません。科学技術の力、その積み重ねで、実現していくのです。中国やアメリカよりも、先んじて。

同時に、異常な格差を生む株主資本主義に対抗して、公益資本主義の考え方を広めて賛同者を募り、公益資本主義的な考え方をする会社への評価を高めていきたい。つまり「従業員やその家族、取引先などの『社中』を大切にする」ことが「企業の価値＝株価」につながる土壌を整備するのです。

わたしが会長を務めるアライアンス・フォーラム財団の研究部門では、公益資本主義的な指標を満たす会社のほうが、株価の面でも高く評価されるような理論的根拠の構築に取り組んでいます。すでに、トヨタの豊田《とよだ》章男《あきお》会長をはじめモルガン・スタンレーやデュポン、マッキンゼーなどのグローバル企業のなかにも、公益資本主義に賛同してくれる経営者があらわれはじめました。豊田さんは、社長就任の翌々年に、役員に対してストックオプション（自社株購入権）を付与しないという決断を下しました。言うまでもなく、経営陣が短期的な株価の変動にとらわれないようにするためです。

ただ「公益」というと「利益の追求は悪である」と考えているかのように勘違いされることもありますが、決してそうではありません。むしろ、より多くの利益を上げることが重要です。儲けがなければ、利益を「社中」へ分配できないからです。

まとめますと、わたしたちの公益資本主義では、株主よりも従業員への還元を重視し、それによって「教育を受けた、健康で豊かな中間層」をつくっていきたいと考えています。そのうえで、すべての国民が、人生の最後の瞬間まで元気で健康に、幸せに暮らすことができる。そんな国があったら、きっと世界はあこがれるでしょう。わたしは、この日本を、そういう国にしたいのです。そのことが、祖父や父や母の生き方・考え方から学んだ、わたしの人生の目標なのです。

# 第2章

## 自分の目で見よう、肌で感じよう。
## 机の上の勉強だけじゃわからないことだらけ！

## 大学入学祝いは、共産圏への旅費!?

高校を卒業したわたしは、慶應義塾大学の法学部へ入学しました。前述のとおり父が福沢諭吉を尊敬していたので、わたしも慶應にあこがれていたのです。その父から「入学のお祝いは、何がいいんだ」と聞かれたとき「共産主義の国へ行ってみたい、そのための旅費を出してほしい」とお願いしました。高校時代に共産主義や社会主義に興味を持ち、いろいろ自分なりに勉強していたからです。しかし、ときは冷戦下。共産圏になど、おいそれと入国できません。お金だって、いくらかかるかわからない。でも、父は「わかった、出してやろう。とにかく見ておいで」と言ってくれました。「現地で実際の共産主義に触れたら、きっと、それほどいいものだとは思わないだろう。でも、自分の目で見なければわからないこともあるから」と。ただし「どうやったら共産圏へ入ることができるか。そこについては、自分で調べて考えて、何とかしなさい」と言われました。ここでも「自分の頭で考えなさい」です。

しかし、このときばかりは難問でした。当時は、西側の資本主義陣営と東側の共産主義陣営が互いに核弾頭を相手に向けながら対立していた時代。西側に属する日本から共産圏へ入国するには、東側のしかるべき人物からの招待状がなければ、絶対に不可能でした。

わたしは途方に暮れました。ただの大学生には、共産主義国家になど、当然、知り合いも伝手《つて》もないわけですから。どうしたら招待状を手に入れられるのか……しばらく考えていましたが、よいアイディアは、まったく浮かびませんでした。

そうこうするうち、ワルシャワ大学の教授で政治学研究所の所長という方が来日することを知りました。レミギウス・ビエジャネクさんといって、ポーランドの元国会議員でもあり、のちにハーグ常設仲裁裁判所の裁判官も務める高名な先生でした。わたしは藁をもつかむ思いで、先生の講演会のアルバイトにもぐり込みました。何とかうまく知り合いになって、共産圏へ入るための紹介状を書いてもらえないか……という淡い希望を抱きながら。そんなことは、どう考えても天文学的な確率です。でも、当時のわたしにはまだ、その「天文学的な確率」に一縷の望みを託すだけの若さがありました。

講演当日。遠目から先生を探すと、まわりを東大や早稲田、慶應の教授や外務省の役人たちが取り囲んでいます。ただのアルバイトの学生が話しかけるなんて、絶対に許されない雰囲気です。実際、近づくこともできませんでした。やっぱり、この計画には無理があったなあと、わたしは、すんなり諦めました。でも……そこで、奇跡的なことが起こったのです。

これも父の影響なんですが、わたしは「洞窟探検」が好きなんです。だから、その講演の日も、先生に話しかける計画は頓挫してしまったので、休憩時間に、奥多摩の鍾乳洞《しょうにゅうどう》に潜るプランを練っていたんです。会場の隅のほうで、一生懸命、紙きれに洞窟の地図を描いていました。そうしたら、なんと、先生のほうから声をかけてきてくださったのです。君はいったい何をしているんだね、と。

ひっくり返るほど驚きました。でも、すぐに正気を取り戻して「はい、洞窟に潜る計画を練っているんです」と答えました。すると、また次の休憩時間にいらして、あろうことか「その洞窟探検に、わたしも連れて行ってくれないか」と言うのです！　わたしは自分の耳を疑いました。しかし、先生は本気でした。よくよく聞いてみると、これまで何度か日本を訪れているけれども、そのたびに外務省のお役人の案内で箱根や日光などの観光地に連れて行かれるばかりで、どこかもっとヘンなところへ行ってみたいと思っていたんだ……って（笑）。日本の電車にも乗ってみたいし、日本の洞窟にも潜ってみたいと、そうおっしゃるのです。わたしは「もちろん、いいですよ。いっしょに洞窟へ潜りましょう！」とお返事しました。

探検当日は先生のホテルへお迎えにあがり、中央線から五日市線に乗り換えて、奥多摩の洞窟へと向かいました。先生の探検道具やヘルメットも、わたしが用意して……。ワルシャワ大学政治学研究所の所長を務めるポーランドのえらい先生と、ふたりで洞窟へ潜ったのです。そんな人は、めったにいないと思います。ともあれ、そんなふうにして親しくなった先生が、共産圏へ入国するための招待状を書いてくださったのです。

## ポーランドで見た共産主義の矛盾

一緒に奥多摩の洞窟へ潜ったことをきっかけに、ワルシャワ大学の教授で政治学研究所所長である先生と親しくなることができました。そして、その先生が、共産圏へ入国するための招待状を書いてくれたのです。これはウソのような本当の話、正真正銘の真実です。なにせ「ワルシャワ大学の教授で政治学研究所所長、かつポーランドの元国会議員でもあり、さらには後年ハーグ常設仲裁裁判所の裁判官を務めることになる先生」なのです。申し分のない肩書きを持った先生ですから、ポーランド大使館も、すぐさまビザを発給してくれました。こうしてわたしは、大学1年の夏休みに、共産主義国家・ポーランドを40日間、ひとりで旅することになったのです。

滞在中は、先生のご自宅に泊めていただきました。比較的ちいさなアパートでした。居間のソファにでも寝かせてもらえれば十分ですと言ったのですが、先生は、いや君がベッドで寝たまえとおっしゃる。いえいえ、とんでもないですと固辞したのですが、わたしは一晩中タイプライターで論文を書いたり裁判の判決文を書いたりしている、疲れたら椅子で休むから気を遣わなくていい……と。本当に心やさしく、勉強熱心な先生でした。先生のご厚意によって、一介の日本人学生が、当時の共産圏のリアルな姿を目《ま》のあたりにする幸運に恵まれたのです。

現地での行動は、まったくの自由でした。高名な先生のゲストだということもあってか、とくに行動制限は課されませんでした。わたしは鉄道が大好きですから、当然、ポーランドの鉄道写真を撮りに行ったりもしました。当時の共産圏における「鉄道」は軍事施設のようなもの。外国人、それも西側の人間が無闇に写真などを撮れば逮捕されかねない代物です。そこで、仮に警察に捕まっても大丈夫なように、先生直筆の手紙をつねに持ち歩いていました。勾留先から先生に電話すれば、すぐに釈放してもらえる手はずになっていたのです。当時のポーランドには、レール幅が1メートルほどしかないナロウゲージの鉄道をはじめ、めずらしくておもしろい鉄道が、たくさん走っていました。

そうやって40日間、ポーランドをくまなく歩いて感じたことは、ただひとつ。やはり「共産主義、社会主義でやっていくことは難しい」ということでした。さまざまな理由があります。なかでも大きかったのは「モノがない」ということ。レストランへ行くと、メニューには美味しそうな料理の名前が並んでいます。しかし、何を注文しても、すべて「フチョライ・ブィウォ、ア・ジシャイ・ニェ・マ（昨日はあったけど、今日はない）」と言われてしまう。「昨日はあったけど、今日はない」。その料理は、言うまでもなく、昨日も今日も、明日もないのです。

他方で、先生に連れていってもらった共産党の幹部・特権階級のクラブには、美味しそうなスモークサーモンをはじめ、日本でも食べたことのないようなごちそうが、テーブルいっぱいに並べられていました。ごちそうにありつけるのは、共産党のえらい人たちだけなのです。「王さまの椅子」には共産党幹部だけが座ることができ、労働者階級や農民の暮らしは、いつまでたっても貧しいまま。そのような現実は、共産主義や社会主義の掲げる理想とはかけ離れていますよね。理論と現実との間の大きなギャップを、目の前に突きつけられました。それ以来、共産主義の思想に惹かれることはなくなりました。

それに、先生自身も、ご自宅の中では「共産主義は嫌いだ」とおっしゃっていたのです。わたしは自由主義者だ、フランスが好きだ……とまで。びっくりして思わず

「えっ、先生、そんなことを言って大丈夫なんですか？」と聞き返しました。なにせ、先生は「ワルシャワ大学の教授で政治学研究所所長」なのです。すると「もちろん、外では絶対に口にすることは出来ない」と。ポーランドはソ連の同盟国じゃないですか、とも聞いたら、今度は「ポーランド人は、本当は、ソ連のことを嫌っているんだ」って。証拠を見せてやろうと言って、先生は、わたしをソビエトの航空会社アエロフロートのワルシャワ支店へ連れていきました。その建物は、当時、ワルシャワの目抜き通りの一等地に建っていました。見ると、大きなウィンドウのガラスが割れています。先生が言うには「ここのガラスは、いつでも割れているんだ」と。なぜなら、ポーランド人は表立ってソ連に抵抗できないので、ひと目をはばかりながらも、ソ連の航空会社に石を投げて鬱憤を晴らしている。そして、ポーランド警察も同じ気持ちだから、決して犯人を捕まえようとしない。だから、ワルシャワの目抜き通りの一等地にあるアエロフロートの窓ガラスは、いつでも割れているんだ……と。それだけ反感を抱いているのに、同盟国であり続けている理由は、ただひとつ。同盟を解消した瞬間、ソ連が攻め込んでくるからだと言うのです。

他にも50年代のポーランドで起きた市民蜂起・ポズナン暴動の思い出や、ハンガリー動乱のときの悲惨なエピソードなど、当時の共産国家で起こったさまざまなできごとについて、現地で生きてきた人の視点から語ってくださいました。共産主義政権下の暮らしがいかにひどいものかについて、ことこまかに教えてくれたのは、他ならぬ、その先生だったのです。

当時は、日本にもベトナム戦争に反対する「べ平連」という運動がありました。1970年前後のことです。社会的にも大きなムーブメントとなった運動ですが、わたしはベトナム現地を見たこともないのに、机上の理論で何かを批判するのはおかしいと感じていました。高校時代、母校の卒業生である全共闘議長・山本義隆に触発されて、社会主義・共産主義・無政府主義の文献を徹底的に読んだ経験があります。若く何も知らなかったわたしは、そこに、未来の可能性を感じてもいました。しかしながら、実際の共産圏で体感したリアルは、安全な机の上で読んだ理論とは似ても似つかないものでした。

いま、わたしが何をするにも必ず「現地へ行く」ことを重視するのは、このときの経験が大きい。現地へ行って、自分の目で見て、自分の肌身で感じること。わたしは「現地で自分が実際に見たもの、感じたこと」を信じています。机の上で構築した理論だけで何かを結論づけることは、絶対にしません。ひょっとしたら日本をよくできるんじゃないか、戦争のない豊かな国にしてくれるんじゃないかと感じていた社会主義・共産主義・無政府主義が、いかに「空理空論」だったか。そのことを、ポーランドから帰ってきたわたしは、堂々と語れるようになったのです。

## 中央アメリカで「考古学」と出会う

こうして、高校時代に抱いた社会主義・共産主義への興味関心は、実際の共産主義国の実態を目の当たりにすることで急激に薄れていきました。そしてふたたび、鉄道や洞窟を追いかける日々がはじまります。大学2年のときには、まだ父が行ったことのない国の鉄道を見に行こうという壮大な計画を立てました。鉄道について、父は「何でも、誰よりも知っている人」なのです。どんな質問にも答えてくれたし、わたしなど足元にも及ばない存在でした。鉄道の歴史についての知識も、模型をつくるための技術も、もう何もかも。わたしの知識や技術など、父の100分の1以下です。そこでわたしは、どこか父の行ったことのない国へ行き、父の知らない知識や情報を仕入れてくることで一矢報いたいと思ったのです。鉄道模型で父と対等に渡り合いできることなら、父をうならせたい。あこがれの父に、認めてほしい。その一心だったんでしょう。まだ若かったんです。そのためにも、父の知らない国の鉄道を見に行って、たくさんの写真を撮り、父も見たことのない線路図をつくってやる。そんな意気込みで、わたしは中央アメリカへ向かうことにしました。

なぜ、中央アメリカを選んだのか。父はコクヨの技術担当として、世界各地を旅していました。ヨーロッパ、アメリカはもちろんインドやアジア諸国、さらにはエチオピアやスーダン、ケニアなどのアフリカ諸国まで。ただ、中央アメリカにだけは渡航経験がなかったのです。そして父が、かねてから中央アメリカの鉄道に関心を抱いていることを、わたしは知っていたのです。

具体的には、エルサルバドル、グアテマラ、ホンジュラス、ニカラグア、コスタリカをめぐりました。１９５０年代まで、ボールドウィン社をはじめアメリカのメーカーが、古い蒸気機関車をメキシコへ輸出していたんです。そのメキシコも軒並みディーゼル化し、アメリカからやってきた蒸気機関車は、さらにグアテマラ以南の中央アメリカへ輸出されていったと、いつか誰かに聞いたことがあったのです。ただ、父の書斎にあった山のような鉄道関連の文献を読んでも、そんなことはどこにも書いてありません。そこで、父に「アメリカの古い蒸気機関車のゆくえを探しに、中央アメリカへ行ってきたいと思うのですが」と言ったら、旅費が出ました（笑）。父も、アメリカの古い蒸気機関車たちのゆくえを、知りたかったんですね。

中央アメリカでは、父に認めてもらえるような成果を挙げるべく、一生懸命に蒸気機関車の調査をしました。線路沿いをくまなく歩き、たくさんの写真を撮りました。とても充実した鉄道取材旅行になったのですが……偶然あるとき、現地に「ピラミッド」がある、ということを知ったのです。そう、ここでわたしは「中央アメリカのピラミッド」に出会ったのです。のちの人生に大きな影響を与えることになる「中央アメリカのピラミッド」に。

最初に見たのは、エルサルバドルのタスマルという遺跡でした。次に、サン・アンドレス遺跡。続いてグアテマラのティカル遺跡、カミナルフユ遺跡。数え上げればキリがありませんが、とにかく驚きました。なにせ、中央アメリカにピラミッドがあったなんて、ぜんぜん知りませんでしたから。ピラミッドというものはエジプトにしかないものだと思い込んでいたのです。いまでは有名観光地となったメキシコの世界遺産テオティワカンなども、まだまだ知られていない時代でした。

もちろん「ピラミッド」といっても、かたちはエジプトのそれとは少しちがいます。中央アメリカのピラミッドは四角錐でなく、台形だったりするんです。わたしは、こんな美しい建造物を、いつ誰がなぜ、どうやってつくったのか……ということに強く興味を惹かれました。

そこで、エルサルバドルの遺跡を、いったい誰がいつ、何のためにつくったのかを調べるべく、日本へ帰ってくるとすぐさま、中央アメリカの考古学関連の本を「すべて」読みました。本当に「すべて」です。当時、慶應の三田キャンパスの図書館には、該当する本が26冊あったんですが、それらを、すべて。20歳の3月、大学2年の終わりのことでした。

そして、読み終えた本の著者の先生方にひとりひとり、感想や質問の手紙を書きました。上智大学の高山智博先生、東大の増田義郎《よしお》先生、そして慶應の西岡秀雄先生……全員に手紙を書いたのです。この部分についてもう少し知りたいのですが、教えていただけませんか、先生のご都合のよろしいときに研究室へおうかがいしてもいいですか……って。上智の高山先生や慶應の西岡先生はお返事をくださり、時間を割いて会ってくださいました。

ただ、残念なことに、みなさん「ピラミッドの専門家」ではありませんでした。上智大学の高山先生は、ラテンアメリカ文化史がご専門。慶應の西岡先生は、地理学がご専門。他にも東京外大の先生はスペイン語学が専門で、立教の先生もラテンアメリカ政治史が専門でした。つまり、日本には「中央アメリカのピラミッドに関する専門家がいない」ということがわかったんです。そこで、わたしは「だったら自分でやろう」と思いました。自分で、中央アメリカのピラミッドとは何であるのか、突き止めてやろう……と。そのために、まずはスペイン語の勉強から取り掛かりました。並行して、英語で書かれた考古学の文献も読み進めていきました。

当時は、考古学に関する英語文献なんて日本の書店にはめったに置かれていませんでした。大学の図書館にも、ほとんどなかった。そこで、当時から洋書を扱っていた日本橋の丸善で、目録の「タイトル」だけで本を選び、海外から取り寄せました。いまとは違って、届くまでにかなりの時間がかかります。注文してから2カ月後くらいに、の〜んびり船便でやってくるんです。値段も高い。タイトルだけで本を選ぶのってかなり難しい話なんですが、運良く3冊くらい、素晴らしい本に当たりました。そのなかの1冊が、マイケル・D・コウ先生の著作です。ペンシルベニア大学で考古学を研究していた先生で、わたしが見たティカル遺跡も発掘していた人ですね。しばらくはコウ先生の本を手引きにして、独学で考古学を学んでいくことにしました。蒸気機関車のゆくえを追って向かった中央アメリカで、思いもかけず、その後ずっと向き合っていくことになる「考古学」と出会ったのです。

# 第３章

## 解決策は、必ずどこかにある。
### 困ったときこそ「自分の頭で考える」が試される

## エルサルバドルで人生の師と出会う

こうしてわたしは、不意に、考古学と出会いました。それ以降、中央アメリカの古い遺跡の発掘に没頭するようになります。エルサルバドルのマヤ文明をはじめ、人類史に残る遺跡を幾度となく訪ね、考古学調査の活動を通じて、そのすばらしさに魅入られていきました。と同時に現地では、とてつもない格差社会をも目の当たりにしました。現代のマヤの人たちが、まるで奴隷のような、極めて貧しい生活を強いられていたのです。威張っているのは、ヨーロッパにルーツを持つ資本家やお金持ち連中。彼らの邸宅はばかばかしいほどに広く、豪華な調度品に囲まれて暮らしていました。マヤの人たちは、彼ら大金持ちの家の使用人として、裸足で働いていたのです。

あれほどの格差は日本でも見たことはありませんでした。現代では世界中で富の格差が広がっていますが、当時の日本は「一億総中流」と言われた時代。社長でも平社員でも、まあ、だいたい同じようなものを食べていたんです。でも、使用人としてこき使われていたマヤの人たちの境遇は、それはそれはひどいものでした。主人が、ふかふかの清潔なベッドで寝ている一方で、彼らは別棟の固くてきたない土間で寝起きしていました。そんな一目瞭然の格差社会、階級社会を間近に見て、これは何とかしなければならないという思いを強く抱くようになりました。

中米へは考古学調査で何年も通いましたが、しばらくすると政情が悪化してきました。74年から75年……78年、79年と、徐々に民族主義的な機運が高まっていったのです。軍事政権や白人支配層から自分たちの国を取り戻そうという運動が、静かに力を持ちはじめてきたのです。ぜいたくな暮らしをしていた支配層は、自らの正当性を主張するため、インディオや民族主義者たちを「共産主義者」と呼びました。いま社会を混乱させているのは民族主義的な運動ではなく、忌まわしい共産主義分子なんだ……と。それに対して民族主義運動側は、ゼネラルモーターズやコカ・コーラなど欧米の巨大企業を襲ったりすることで対抗しました。日系企業でも、三井物産などが出資していた合弁企業の「インシンカ社」という繊維会社が襲われ、当時の社長さんが誘拐され殺されたりしています。

他方で、襲撃されなかった日系企業もありました。そのひとつが「ユサ社」という東洋紡の子会社です。

さかのぼって1972年、わたしは、ユサの親会社である東洋紡の伊藤恭一会長とエルサルバドルで知り合っていました。何か政府関係の式典に日本人だからというだけで呼ばれ、その懇親会の席で知り合ったのです。

伊藤さんは、当時のエルサルバドルで、じつに驚くべき経営をしていました。ユサ社の利益を全額、エルサルバドルに還元していたのです。10%でもなく、半分でもなく、利益の「全額」です。仮に10億円の利益があったとしたら、その10億円をすべてつぎ込んで美しい公園をつくったり、貧しい学生のための奨学金制度を整えたりしていたのです。現地の人たちを搾取していると思われていた巨大企業は襲われ、公益資本主義的な考え方の会社は、襲われなかった。現地の人たちには、わかるものなのです。その会社が、どんな考えで、どんな姿勢でビジネスをやっているかということが。

わたしが仕事をする上でずっと指針としてきた考え方に、祖父のつくった「経営の信条」があります。「人は無一物でこの世に生を享《う》け父母の恵み、恩師の導き、社会のお蔭によって心身ともに成長し、やがて社会に出て一つの仕事を与えられる。それは天より授けられた天職である。天職には貴賤の別なく、人が生ある限り自らの全力を尽くして全うせねばならぬ……」とはじまるものなのですが、そこでは「利益」とは「事業を通じて成した社会への貢献に対する、社会からいただく報酬である」と定義されています。伊藤さんがエルサルバドルでやっておられたことは、郷里・富山の聾唖者のための学校や職場をつくった祖父や、工場から先に冷房機を入れた父の考え方と、深く通じるところがありました。

戦後の日本の経営史をひもとけばわかるように、東洋紡という会社は、当時もっともお金を稼いでいる会社のひとつでした。昭和20年代から30年代の日本では、現代の「自動車」にあたるリーディング産業は「繊維」であり、その繊維産業の中でも「みんなのあこがれの会社」のひとつが東洋紡だったのです。東大でも慶應でも早稲田でも、当時の大学生がぜひ就職したいと思う人気企業でした。そんな東洋紡がわざわざ外国につくった会社の利益を、すべて現地に還元してしまうのはなぜですかと、あるとき、伊藤さんに聞いたことがあります。伊藤さんは、次のように説明してくれました。

仮に東洋紡が日本で「1万円」儲けているとしたら、エルサルバドルのユサ社の利益は「1円」にも満たない。双方の利益を合わせて「1万1円」なのであれば、会社全体の利益を1円増やすより、その1円を使って、地元エルサルバドルの人たちによろこんでもらったほうがいいでしょう、と。さらに、地元にしっかり貢献している会社だと理解してもらえれば、今後のユサ社のビジネスのためにもなりますから、と。短期的な視点でなく、あくまで中長期的に考えたとき、利益のすべてを還元することは「会社にとってむしろ有益なのだ」とおっしゃったんです。

何という経営者だろうと思いました。伊藤さんの考え方や経営哲学は、その後のわたしのビジネスに対する考え方、公益資本主義というアイディア、さらにはわたしの人生そのものに、大きな影響を及ぼしていきます。

付け加えますと、もともと中央アメリカ渡航の目的であった「鉄道の写真」も、もちろん、たくさん撮りました。ただし、父が追いかけていたような鉄道は、そのほとんどが朽ち果てていました。壊れて放置されている姿を見ただけで、実際に動いている場面に出くわすことはありませんでした。それでもわたしは、エルサルバドルの線路沿いをえんえん歩き、たくさんの写真を撮って帰りました。エルサルバドルの鉄道車両をあれだけ写真に記録した人は、世界でもめずらしいと思います（笑）。帰国してそれらの写真を父に見せると、大変よろこんでくれました。その顔を見てわたしもうれしかったけど、父のよろこびようたるや、わたしの100倍くらいの大きさでした。

考古学に関しては、すでに申し上げたとおり、当時慶應大学の図書館に収蔵されていた関連書籍26冊をすべて読み、執筆者の先生方に手紙を書いたり、実際にお会いしてお話をうかがったりして、自分なりに研究を進めていました。同時にスペイン語の勉強をはじめ、格差や貧困などの社会問題については、あまりにも大きな話ですから、日本へ帰ってからもたびたび伊藤恭一さんのところへ赴き、さまざまなことを教わりました。エルサルバドルに滞在中、わたしが変な質問ばかりするものだから（笑）、日本へ帰っても必ず遊びに来なさいと言ってくださっていたのです。

伊藤さんは東洋紡の会長であり、財界における大御所中の大御所。伊藤忠や丸紅の祖・伊藤忠兵衛《ちゅうべえ》の孫であり、現在の慶應義塾の伊藤公平塾長の親戚にもあたります。そんな人が、わたしひとりのために多くの時間を割いてくださり、人生において大切なことをたくさん教えてくださったのです。本当に、感謝しかありません。

当時、学生運動のストで授業のない時期も長かったため、大学の授業はほとんどまともに受けていませんでした。鉄道、考古学、エルサルバドルの社会問題など、大学時代のわたしは「好きなこと」ばかりやっていました。共産主義の現実を知るまでは、学生運動家とも交流していました。慶應義塾の塾長を攻撃するんじゃなく、むしろ塾長と手を組んで、諸悪の根源である文部省へ押しかけようとフロント派のリーダーを誘ったこともあるのですが、なかなか理解してもらえませんでしたね。とにもかくにも、授業以外のあれやこれやで非常に忙しい大学時代を過ごしました。

## 大学卒業後、本格的に考古学の道へ

大学を出たあとは就職せず、本格的に考古学の研究に取り組もうと、ふたたびエルサルバドルへ向かいました。マヤ族にも『古事記』や『日本書紀』のような古文書が残されており、当時は、そのあたりの研究を進めていたのです。

たとえば『ポポル・ヴフ』という文献を読み込み、マヤ族の先祖が現在のグアテマラ・ハイランドへ移動した経路についての仮説を立て、その検証に取り組んだり。専門的な話になりますが、当時のわたしは、彼らマヤ族が、断崖絶壁のテワンテペク地峡を通ってきたのか、ウスマシンタ川に沿って遡上してきたのか確かめたいと思っていました。そこで、彼らがいったいどこから来たのかを突き止めるため、周辺の遺跡を順番に調査していくことにしたのですが……これが、本当に大変だったのです。なにせ、ジャングルの中の道なき道を切り拓いて進まなければならないのです。猛毒のヘビにも、しょっちゅう出くわします。本当に苦しく厳しい調査の旅でした。いちど弟を連れて行ったこともあるのですが、彼は二度とごめんだと言っていました（笑）。

考古学からは、じつに多くのことを学びました。大胆なアイディアや危険を伴う計画に挑戦するときには、これ以上ないほど細心の慎重さで取り組むべきだということ。これは、現在のわたしの仕事のやり方にも直結する考えです。

たとえば、猛毒のヘビに嚙まれたら死んでしまいますよね。だから「血清《けっせい》」を持っていくわけですが、持っていけるのはせいぜい2種類か3種類くらいまで。一方、毒ヘビなんて何十種類もいるわけです。ジャングルの中で、血清を持っていない毒ヘビに嚙まれたら、まず助からない。そういうときに、人間の思考はどんなふうに働くか。

「噛まれてからの備え」ではなく「どうすれば噛まれないか」を考えるようになるのです。

　難しいことではありません。たとえばヘビは夜、さかんに活動します。であるならば、夜はじっとして動かなければ危険は減る。昼には、ブッシュを棒きれでガサガサやって、安全を確かめながら進む。時速でいえば、ほんの1・5キロくらいのスピードです。時間はかかりますが、蛇に噛まれる危険性はぐっと減ります。目的地へたどりつくためには、数々の危険を乗り越える必要があるのです。無闇に急《せ》いては、ことを仕損じます。たっぷり時間をかけてでも、確実に到達しなければならない。危険な要素を、ひとつひとつ慎重に取り除いていく必要がある。まさに「急がば回れ」です。

　これは、いまのわたしの仕事のやり方と、まったく同じ。短期でなく中長期でものごとを見つめ、ゆっくりでもいいから、確実に進む。

　ジャングルへ持っていくカメラも、精密機械なので熱帯雨林の過酷なコンディション下で壊れてしまうことがしょっちゅうでした。そこでわたしは、建造物のデッサンを習うために絵画学校へ通いました。万が一カメラが壊れてしまったときには、デッサンの技術でピラミッドを正確に写し取れるように。遺跡の発掘調査や考古学の文献を読むこと、スペイン語はじめ語学の勉強の他にも、やらなければならないことがたくさんありました。

考古学の魅力は、未知や謎、わからないことを解明していくときの「ワクワク感」に尽きます。若かったわたしの旺盛な好奇心を、たっぷりと満たしてくれる学問が考古学でした。未知や謎は、簡単に解明できないところが、またいいんです。簡単に解明できる課題なんか、いかにもつまらない。難しいから、おもしろいんです。

毒へビ、マラリア、黄熱病……いくつもの困難が立ちはだかります。赤痢《せきり》に罹って、死にそうになったこともあります。ジャングルの中で7日もの間、文字通り七転八倒しました。あのときは、さすがのわたしも「もうダメだ」と混濁する意識の中で思いました。でも、若くて体力もあったし、運も良かったんでしょう。それに、最後の最後に「こんなところで死んでたまるか」と思ったんです。何とか8日目に回復して、すんでのところで助かりました。崖から落ちて怪我をしたことなど、数え切れないほどあります。それでも、未知や謎へと挑んでいく毎日が、おもしろくてたまらなかったのです。

## なぜか海外ツアーを主催することに

時計の針を少し戻します。１９７０年代のはじめのころのことです。考古学をやっていた関係もあって、わたしはエルサルバドル大使館へ頻繁に出入りしていました。大使館の職員として働きながら、考古学を続けていけたらいいなと密かに思っていたのです。結局、職を得ることはできなかったのですが、大使館の職員と親しくなるにつれ、日本の書店や図書館では手に入らないような文献や地図など貴重な資料を見せてもらえるようになりました。それで、ちょくちょく遊びに行っていたのです。

大学を卒業する1975年の3月のことでした。当時の駐日大使は、外務大臣も経験されたワルテル・ベネケさんという方でした。ベネケ駐日大使は、たまたま大使館にいたわたしに向かって「日本の学生に、もっとエルサルバドルのことを知ってほしい」と熱弁をふるいました。彼は「エルサルバドルは、中央アメリカの日本だ」と言うのです。どうしてですかと質問すると「日本と同じように人口密度が高く、資源が少ない。頼りになるのは人間の力。日本人のように一生懸命に勉強して働けば、エルサルバドルも、いつか日本のように発展できるはずだ」と。「そのためにも、日本の学生をエルサルバドルに呼んで、エルサルバドルの若者と相互交流させたい」と。

ベネケ駐日大使の思いの丈を聞いて、わたしは感動しました。どうにかしてベネケさんの願いを実現してあげたいと思いました。でも、大使館の担当者が日本の外務省へ相談を持ちかけても、なかなかうまくことが進まない。大使と担当者のやりとりを聞くともなしに聞いていると、外務省の役人に「検討しておきます」と言われて「検討してくれるみたいですよ」なんて報告している。わたしは「日本人が『検討しておきます』と言うときは、多くの場合、何にもしないって意味ですよ」とアドバイスしました。案の定、ベネケさんの思いは、日本の外務省には届きませんでした。そこで「わかりました、任せてください。わたしが日本の学生をエルサルバドルへ連れていきましょう」と、つい口走ってしまったのです。何のアテも、目算もないのに。でも、意気に感じたんです。日本とエルサルバドルの学生を交流させたいというベネケ駐日大使の熱い思いに、日本人として応えたいと思ったのです。

ただ、引き受けたはいいものの、またもや、何の伝手もコネもありません。それどころか、たいしたお金も持っていない。そこでまずは日本人学生の旅行事情がどうなっているのか調べてみようと思いたち、各大学の生協を訪問しました。慶應の生協、早稲田の生協、東大の生協、あちこちの大学の生協を訪ねては、当時の「学生旅行」というものがどういうものかを聞いてまわったのです。

すると、当時の「平均値」が見えてきました。そのころの学生たちは、4年に1回くらい、親のお金で海外旅行へ行かせてもらっていたんです。そのほとんどが、いわゆる「卒業旅行」ですね。時期は、卒業する前の年の夏休みか、就職先が決まったあとの春休み。予算は、おおむね1000ドル以内。当時1ドル295円の時代でしたから、日本円にして約29万5000円です。渡航先として人気だったのは、まず、アメリカ西海岸。次にヨーロッパ、ハワイ。でも、実際に大多数の学生が行くのは、旅行代金の安い東南アジアでした。アメリカ西海岸がいちばんだった理由は、そこに「ディズニーランド」があったから。のちに、わたしも技術担当顧問として設立に関わることになる「東京ディズニーランド」は、当時まだ、影も形もありませんでした。

ともあれ、生協での調査結果をもとに「夏休みにエルサルバドルとアメリカ西海岸を周遊するツアー」をつくろうと考えました。それなら、学生たちも興味を持ってくれるだろうと思ったんです。もちろん、実現には、さまざまな困難が待ち受けていました。

最初のハードルは「航空料金」です。日本とアメリカ西海岸の間は往復8万円や9万円くらいの、学生向けの安いチケットがありました。高かったのは、カリフォルニアからエルサルバドルへ飛ぶチケット。そんなところへ行く人は滅多にいないので、代理店や旅行会社に用意がなかったんです。そこを安くできるかどうかで、ツアーの成否がわかれます。ほうぼうへ相談に行ったのですが、どうにもうまくいきません。

航空チケットを、安く手に入れることができない。万策尽き果て、しばし途方に暮れていると、ベネケさんに進捗状況を聞かれました。正直に「行き詰まっています。西海岸からエルサルバドル行きの航空券代が高すぎるんです」と答えたら、言下に「そんなの簡単だ」と。なんと、彼がパンアメリカン航空に1本電話をしたら、価格が一気に90％引きになってしまったのです（笑）。

当時、中央アメリカの航空機路線の権利関係を司っていたのが中米機構という国際機関だったのですが、ベネケ駐日大使は、その機関に深く関わっていたのです。日本の学生が1回、エルサルバドルへ行って帰ってくるだけのチケットなんか、タダでもいいくらいだったんだと思います。わたしが呆気に取られていると、ベネケさんは気を良くしたのか「もっと自分にできることはないか」と聞いてきます。そこで、せっかく日本の学生を連れて行くので、どなたか中米の政治家と面会できませんかと提案したら、「いいだろう、そういう機会もつくろう」と。結果的に、メキシコや隣国グアテマラの政府関係者や閣僚と会えることになったのです。そんなこと、ふつうのツアーでは無理ですよね。しかも、これは学生向けの「格安ツアー」なんです。中米の現役の政治家に会えるという得難い経験をすることができ、かつ、あこがれのディズニーランドでもたっぷり遊べる。ツアーの内容は、こうして、どんどん固まっていきました。

## 「自分も将来、こういう仕事がしたい」

次なる問題は、ツアーをどこの旅行会社へ持っていくか、でした。大手の旅行会社を順番に回り、こういう企画はいかがでしょうと売り込みました。話を聞いてくれた若手社員はおもしろがってくれるんですが、どこも上層部でボツになってしまう。そこで次に中堅の旅行代理店を訪問し、こんどは重役や社長さんに直接ツアーの説明をしました。しかし、そこでも請け負ってはもらえませんでした。「いい企画だとは思うけど、これ、7月に行くんでしょ」と。「もう4月の半ばだよ」と。「いまから急いで準備して、ゴールデンウィークが明けてから募集を開始しても間に合わないよ」と言うんです。いくら企画が魅力的でも、時間的に無理がある。どこの旅行会社でも、同じ理由で断られてしまいました。しかたなくわたしは「自力で学生を集めるしかない」と覚悟を決めました。最後の手段です。

もちろん「自力で集める」と言ったって、ただの学生です。旅行代理店のようにメディアを使って募集をかけたり、セールスをしたりすることはできません。当時はインターネットやSNSも存在しません。いろいろと知恵を絞って思いついたのが「大学の考古学研究会、ラテンアメリカ研究会、スペイン語研究会を代理店にする」というアイディア。つまり、各大学のサークルに参加学生を集めてもらうのです。

さっそく次の日から、東京、京都、大阪、神戸あたりの大学の考古学研究会、ラテンアメリカ研究会、スペイン語研究会を訪問しては、ツアーの紹介をして回りました。

どこの研究会も慢性的な資金不足であろうことは予想がついたので、ツアーに1名参加したら1万円を、その研究会に寄付することにしました。原資には、ベネケ駐日大使から預かった支度金60万円を充てました。すると、すごい勢いで参加希望者が集まったのです。内容的にも、彼らにぴったり。単なる観光旅行ではなく、ふだんから考古学やスペイン語を学んでいる学生たちが、なかなか行けないラテンアメリカへ行くことができ、かつ現地の政治家たちと会見する機会に恵まれ、さらにはカリフォルニアのディズニーランドで遊んで帰ってこられるのです。参加希望者から現地のスペイン語学校を訪問したいという要望が上がってきたので、それもツアーに組み込みました。エルサルバドルの語学学校に頼んで、特別に1週間だけ、スペイン語の集中コースをつくってもらったのです。最終的に、わたしのツアーには83名もの学生たちが参加を表明してくれました。

参加学生の数は何とかなりそうでしたが、ツアーを成功させるためのすべての準備は、わたしひとりでやらなければなりませんでした。これがまた、大変でした。滅多に渡航者のいない中米へ学生を連れて行き、安全に予定地を回り、無事に日本へ連れ帰ってくる。そんなノウハウなど持っていませんでしたから、すべてをゼロから組み立てなければなりません。パンフレットひとつつくるのにも、四苦八苦です。カラー刷りのグラビア印刷では高くついてしまいます。ある印刷会社に見積もりを取ったら、ベネケさんから預かった60万円の準備金をすべて使い果たしてしまうほどでした。祖父がコクヨの創業者ですから、印刷関係の知り合いはたくさんいたんです。でも、当初から「コクヨの世話にはならない」と決めていました。

そこで、慶應大学の卒業生名簿を片っ端から調べ上げました。そして、三田会に所属する卒業生に、第一製版という会社を経営している先輩がいることを突き止めたのです。さっそく訪ねて、はじめてお目にかかる飯島社長に、予算が限られているという事情を説明しながら、もっとも安くあげるにはどうしたらいいか相談を持ちかけました。すると社長は、自分で原稿を書くのはもちろん、印刷の版まで自力でつくれば安くできるだろうと言うんです。製版のやり方なんてもちろん知りませんでしたが、とにかく安くしたいもんだから、社長に手取り足取り教わりながら一生懸命に版をつくりました。

後日、完成したパンフレットを受け取りに行くと、社長が「いいのができたぞーっ！」と手渡してくれました。わたしは、しばし見とれてしまいました。自分でつくったパンフレットに見とれるなんておかしいけど、でも、本当にいいパンフレットができたんです。ベネケ駐日大使に約束したのが、40日前。40日後の今日、参加学生たちがどこへ行って誰に会うのか、ツアーの料金まで印刷されたパンフレットができ上がったのです。飛び上がるほどうれしいとは、このことだと思いました。

ただ、よろこんでいたのも束の間、社長から「封筒」を渡されて我に返りました。そう、印刷代の請求書です。できるだけ安くしてくれると言っていたけど、いったいいくら請求されるんだろう⁉　急に心臓がドキドキしてきました。封を切るのにあれほど緊張した封筒は、後にも先にもありません。おそるおそる請求書をつまみ出してみると……。そこには「代金０円」と書かれていました。ぱっと社長の顔を見たら「君が一生懸命やっている姿が気持ちよかったから、今回は先輩として協力しよう」と。その言葉に、飯島社長の気持ちに、わたしは感動でうち震えました。ビジネスというものに関わったのははじめてでしたが「わたしも将来、こういう仕事がしたい！」と強く思いました。このときの気持ちは、いまでも忘れることが出来ません。

## 最後に待っていた、大ピンチ！

ツアーを催行するにあたっては「日本中央アメリカ学生友好協会」、スペイン語表記で「Sociedad Estudiante Nippon Centroamericana」略称「ＳＥＮＣＡ（センカ）」という団体も立ち上げて、さあ、準備万端。ツアーの内容を考え、航空代金の問題をクリアし、パンフレットも無料でつくってもらい、肝心の参加学生もたくさん集まった。わたしは、少し得意になっていたかもしれません。断られはしたものの、段取りなどいろいろ教わった旅行会社の人のところへ「うまくいきそうです」と報告に行きました。意気揚々と。するとそこで、これまでで最大級の、途轍もなく大きな問題にぶつかりました。海外旅行を催行するためには「旅行業務取扱主任者」という資格が要るというのです。

それは運輸省の資格で、無資格で海外旅行を催行すれば捕まるというのです。ときはすでに、5月の半ば。6月には募集の最終締め切り、7月には出発というタイミングです。あわてて当時渋谷の駅前にあった大きな書店へ駆け込み、旅行業務取扱主任者の資格本を探しました。いまから猛勉強して資格を取ってやろうと思ったのです。でも、そもそも試験日が旅行日程のあとでした。これはえらいことになったと、しばし立ちすくみました。すでに、たくさんの学生が参加を表明してくれています。最初に頭をよぎったのは「誰かに名義を貸してもらう」という、いかにも安直な方法でした。親しくなった旅行会社の人に持ちかけてみたものの、もちろん誰も名義を貸してはくれません。当然ですよね。勝手にそんなことをして会社にバレたらクビですから。

その日から、わたしは、必死で「解決策」を探りました。どうしたら、この隘路《あいろ》を突破できるか。寝る間を惜しんで、何か手立てはないかと考えました。死にものぐるいで何日もぶっ通しで考え続けて、ふと思いあたったのが、1858年に締結された

「日米修好通商条約」でした。

どういうことか。あのとき、アメリカもイギリスもロシアも、日本と通商条約を結んだ国々は、日本の領土内に「外国人居留地」をつくりましたよね。そこは「治外法権」だったんです。つまり「日本の法律が通じない」のです。そこで現代の居留地は……と考えたら「大使館があるじゃないか！」と。どこの大使館も同じように、日本の現行法は通用しません。つまり「主催団体の本社をエルサルバドル大使館内に置けばいいのではないか⁉」そのことに、ふと、思いあたったのです。

息せき切って大使館へ駆け込み、前のめりで大使館員にことの次第を説明しました。いい悪いは別にして、大使館の車は駐車違反に問われないでしょうと。同様に海外ツアーの主催団体を大使館内に置かせてもらえたら、無資格でも日本の法律で裁かれることはないはずなんです、と。大使館員は、理屈はわかるけど、そんなの無理だよと口々に言います。下手をすれば日本とエルサルバドルの外交問題にも発展しかねない、と。そこまでいかなくとも、日本の外務省からは抗議が来るに決まってると、まあ、嫌がるんです。最後にはもう、わたしが何を言っても、全員「ノーコメント」の状態になりました。みんな立場上、慎重にならざるを得ないのは当然です。

結局、団体設置の許可を出してくれたのは、ベネケ駐日大使その人でした。エルサルバドル本国の元外務大臣が正式に認めてくれたということで、わたしはすぐさま大使館内に主催会社を設立し、ぶじに海外ツアーを催行することができました。結果として、そのツアー限りの催行団体になりましたから、国も気づかなかったんでしょう。日本へ帰ってきてからも、いっさいおとがめなしでした。

このときの経験から、どんな困難にぶつかっても、必ずどこかに解決策や突破口はあるものだということを学びました。はじめから「そんなことは絶対に無理だ」と決めつけず、簡単に諦めず、自分のできることの中から解決法を探っていく。たぐりよせていく……という感じです。必死になって一生懸命に考えれば、かならず「糸口」くらいは見つかるものです。そして、その糸口をたぐりよせていけば、重たい扉をこじ開ける鍵が見つかるかもしれない。同時に、何かを成功へ導くにあたっては、ある程度のリスクは取らなければならないことも知りました。つまり「大使館内にツアー主催団体を置く」というリスクは「取れるリスクだ」と思ったから、実行に移したのです。大使館内は不可侵ですから、国から横やりが入っても「最悪、捕まることはないだろう」という算段です。取れるリスクを取らなければ、何かをなすことはできないのです。

実際のツアーでは、総勢83名の参加学生と一緒に、メキシコからグアテマラ、エルサルバドルの国中をくまなくめぐりました。マヤ遺跡で最大の、ティカルやタスマルなどの古代ピラミッドは、もちろんたっぷり見学しました。学生から希望のあった

「1週間のスペイン語の研修」も開催しました。中央アメリカを日本のようにしたいと願うベネケ駐日大使が、太平洋岸に「アタミ」という名前のリゾート施設を整備しているのですが、そこへスペイン語の先生をお招きし、期間限定のスペイン語学校を開校したのです。他にも政府施設やテレビ局、大学などを訪問して現地の人々と交流したり、イロパンゴという幻想的な湖を眺めたり、美しい人形などの伝統工芸の現場を訪ねたり、エルサルバドル大統領官邸での懇親会に招いていただいたり……。そして最後はお楽しみ、カリフォルニアのディズニーランドです。参加者全員、子どものように大はしゃぎで遊びました。

ツアーの参加者とは、いまでも同窓会をやっています。最近も、3年くらい前かな、40人か50人くらい集まりました。みんな、あれほど楽しいツアーは後にも先にもなかったと言ってくれます。やはり、他人と同じようなことをやっても、おもしろいものはつくれないんです。通り一遍のツアーだったら、何十年も経ってから、あんなにたくさんの「同窓生」は集まらないでしょう。

わたしには「ビジネス上の競合相手については一切研究しない」という信条があります。祖父の教えでもあるのですが、競合相手の研究をしたところで意味はない、かえって「自分たちの特徴を見失うだけ」だからです。他社との違いは何か……にばかり気を取られて、自分たちが何を「いいな」と思っているのかがわからなくなってしまう。自分たちの心に、正直に向き合うこと。自分たちが、本心から「いいな」と思えるものに専心すること。失敗することだって、当然あるでしょう。でも「失敗」は、何よりかけがえのない経験です。後の人生の糧となるものです。だから、挑戦することをやめてはいけない。何もしなければ、何もないのと同じことです。挑戦しては失敗して……その繰り返しでしか、階段を上がっていくことはできないのです。そして、1段ずつでも「階段を上がっていく」ことで、見渡す景色がだんだん広くなっていくように、自分たちの可能性も、大きく開かれていくのだと思います。

# 第4章

## なぜ学ぶ？　人生を切り拓くために。
### 大学とは夢を実現するための武器を得るところ

## 考古学の資金を稼ぐためにスタンフォードへ

大学を卒業すると、同級生たちはこぞって有名企業へ入社していきました。ゼミの仲間も商社、銀行、航空会社……当時の人気企業ばかりです。大学院に進学した二人を除いて、就職しなかったのは、わたしくらい。まわりの先生から大学院へ進むつもりかと聞かれたので、「いえ、わたしは中央アメリカで考古学の研究をしたいんです」と答えました。「そのためにエルサルバドル大使館に雇ってもらえないかと通い詰めているんですが、ちょっと難しそうなんです」と（笑）。半ば呆れ顔の先生方から「バカなことをやってないで、どこかの会社に就職して、空いた時間に考古学をやればいいじゃないか」とさんざん言われたのですが、やりたいことでないことは絶対にやりたくありませんでした。中学時代の丸刈りと同じです。

両親には、いちおう相談をしました。すでにおわかりかと思いますが（笑）、母はともかく、父は「好きなようにやればいい」としか言いませんでした。自分の頭で考えて、判断して、進むべき道を見出しなさい、と。いつものように、何の相談にも乗ってくれません。

そんなわけで、大学を卒業したわたしは、マヤ文明についての考古学的な研究を極めようと決意して、ハーバード大学のピーボディ博物館やペンシルベニア大学の考古学博物館を訪ねるなど、しばらく発掘調査に没頭していたのですが、ほどなくスタンフォード大学に入って学ぶことにしました。この先、考古学を続けていくためには、どうしてもお金が必要になります。伝説の都市トロイアの遺跡を発見した考古学者ハインリヒ・シュリーマンも実業家で、貿易の仕事などで発掘のための資金を稼ぎ出し、独立独歩で研究を続けました。そこで有名起業家を多数輩出していたスタンフォードのビジネススクールに入り、考古学の研究資金を稼ぎ出すための知識を身につけようと思ったのです。つまり、あくまで「考古学を続けるため」に、わたしは、スタンフォードに入学したのです。1979年9月のことです。

ちなみにスタンフォードに入る前は、研究資金や生活費を稼ぐために、発掘の傍らさまざまなアルバイトをやっていました。学習塾の講師、レストランの皿洗い、ペンキ屋さん……いろんな職業を経験して感じたのは「どんな仕事も、おもしろい」ということ。ただし、それは「自分なりに創意工夫をすれば」の話です。生徒の成績を上げるためでも、お皿をより綺麗に洗うためでも、何でもいいのです。仕事というものは「創意工夫」することで、がぜん楽しく、おもしろくなる。ペンキ屋さんの仕事なら、どうすれば、よりムラなく美しく壁を塗ることができるか。アルバイトの主たる目的は研究資金や生活費を稼ぐためでしたが、いろんな職業を経験することで「創意工夫することの楽しさ、おもしろさ」を知ることができました。そこに創意工夫の余地があるなら、どんな仕事にも「やりがい」を感じることができる。創意工夫とは、どんな仕事もおもしろくしてしまう魔法なんだ……と。

創意工夫は、鉄道模型をつくる際にも必要不可欠なものでした。個々の部品をきちんと動かすためにも、完成した列車をうまく走らせるためにも。とくに父のように完璧な模型をつくろうと思ったら、創意工夫が欠かせません。仕事でも鉄道でも、自分なりの創意工夫で何かがうまくいけば、おもしろいし、うれしいものです。一見退屈そうに見えるペンキ塗りだって、じつにやりがいのある仕事に一変します。反対に、上から「こんなふうにやれ、寸分違わずにだ」なんて命令されたら、まったくおもしろくないでしょう。それは「やらされているだけ」ですから。仕事というものは、少しでも自分なりに創意工夫して「おもしろくする」ことが肝要なのです。それができれば、必ず「自分にしかできない仕事」になります。誰がやってもいい仕事ではなく「あなただけの仕事」になるのです。

そして「果敢に挑戦すること」もまた、創意工夫と同じくらい大切です。何かを成功させたいと思ったとき、本を読んだり識者に聞いたりすることも重要ですが、それだけでは限界があります。知識や情報を仕入れたら、必ず「行動に移す」ことが必要です。はじめのうちは闇雲、当てずっぽうかもしれない。いいんです、それでも。「行動し続ける、実行し続ける」ことを通じて、知識や情報は「血肉」となっていく。失敗したっていいじゃないですか。生命を取られるわけじゃないんだから。いつからだって、どこからだって、人生はやり直しが利く。挑戦には、失敗がつきものです。たとえ会社がつぶれたとしても……まあ、そんな簡単に「いいじゃないか」とも言えないけど（笑）、でもそれくらい大きな経験は、必ず、その人を変えます。一度や二度なら、挫折だって経験しておいたほうがいい。最初からすべて順調に進むなんてありえないし、仮に、すべてが順調に進んでいたとしたら「何かがおかしいぞ」と疑ってかかったほうがいい。反対に、どんなに失敗しても立ち上がり、再び挑戦を重ねていくことができたら、ちょっとやそっとではビクともしない人間ができあがります。

少し先の話になりますが、スタンフォード大学の学生時代、わたしは光ファイバーの会社を立ち上げます。起業するのはもちろんはじめてだし、会社勤めの経験もなかったので、自分の「会社」をつくるにあたっては大変な苦労がありました。光ファイバーを使った大型ディスプレイの製造をしていたのですが、そこでは「うまく機械が動かない」からはじまって、従業員同士の人間関係など毎日毎日、大なり小なり何かしらの問題が起こるんです。でも、なぜか楽天的でいられた理由は、父が「失敗してもいいよ」と言ってくれたから。おまえの会社がつぶれたら日本へ帰ってくればいい、と。まだ自分も現役で働いていて収入もあるから、事業に失敗してどうにもならなくなっても、再起するまでは面倒を見てやると言ってくれたのです。その言葉は本当にうれしく、まだまだひ弱なわたしを支えてくれました。すべて自分の頭で考えて勝手にやれと言い続けた父ですが、最後の最後のところでは、わたしのことを見てくれているんだ。そう思うと、心の底から勇気が湧いてきました。親とは、本当にありがたいものですね。

## ビジネススクールから工学部へ

話をもとに戻します。スタンフォードで学ぼうと思った理由は、考古学の研究資金を自分で稼ぎ出すためでした。会社を興すには、マーケティング、ファイナンス（企業財務）、アカウンティング（会計学）、組織行動論などを学ぶ必要があると思ったので、最初はMBA（経営学修士）のコースで学んでいました。しかし、1年目に光ファイバーディスプレイメーカーの事業計画書を書いたことをきっかけに、光ファイバーについて学ぶ必要が出てきたため、2年目に工学部へ移りました。すでに光ファイバーで起業しようという構想を持っていたので、実際に会社を設立するにあたっては、技術やエンジニアリングを身につける必要性を感じたのです。

当時は、世界的にも光ファイバーの開発が軌道に乗りはじめたころで、現在の「ブロックチェーン」のように、まだまだ一般的には「言葉としては聞くけど、何だかよくわからない」技術でした。研究者の数も少なかった。簡単に説明すると、光ファイバーとは電気信号を光に変えて送るもので、電気よりはるかに多くの情報を送信することのできる技術です。いま、光ファイバーの分野で大きな会社といえばオリンパスや富士フイルムですね。どちらも医療分野、たとえば内視鏡などに技術を活用していますが、わたしが起業を構想しはじめたのは、両社が本格的に取り組みはじめるよりだいぶ前のことでした。

光ファイバーについては、父と鉄道模型をつくっていたころから気にかけていました。客車内部の天井には、たくさんのライトが灯っています。模型の場合はちっちゃな豆電球をとりつけるわけですが、これが、すぐに切れてしまいます。で、切れたら交換するという仕事を、わたしは父から与えられていました。1両や2両ならいいんですが、我が家には、父が作った鉄道模型を中心に客車が1000両くらいあったんです。こうなると電球の交換は、ほとんど1年中やり続けなければならない仕事になる。そこでわたしは父に提案しました。光ファイバーの光源を設置して、そこからすべての車両に配電すればいいのではないか、と。すると父は、いい考えだとすぐにOKしてくれました。ただ、透明度の高いガラス製のファイバーだと簡単に折れて壊れてしまう。その点では、プラスチック製がいいんですが、透明度がガラスより低いので、明るさが減衰してしまう。であれば、被覆はプラスチックで軸はガラスのファイバーにしたらどうだろう……などなど、自分なりにあれこれ考えていたんですね。また、のちの考古学の発掘の場面では、遺跡の中に埋もれた埋葬物を覗くために光ファイバーが活躍してくれました。つまり、鉄道と考古学の両分野で、まずは「ユーザー」として光ファイバーに接していたのです。

わたしは、光ファイバーを使った大型ディスプレイをつくろうと考えていました。当時は、液晶やプラズマなど薄型の映像ディスプレイは存在していませんでした。後述のように、スタンフォードの学生はみんな、当時の最新のテクノロジーを信奉し、それによって未来を描こうとしていました。わたしだけが「考古学」ではるか遠くの過去を見つめていたんです。そんなわたしも、友人たちの影響を受けていたんですね。当時、唯一よく知っていた最先端テクノロジーである光ファイバーを用いた大型ディスプレイをつくろうと、事業計画を書いたんです。そうしたら、スタンフォードの経営大学院の先生に、すごくほめてもらえた。それですっかりその気になって（笑）、いっそう起業について真剣に考えるようになったのです。

慶應では法学部、そのあと独学で考古学、そしてスタンフォードのビジネススクールで会計学や財務、マーケティングや組織論を学びました。そのあとに、光ファイバーのテクノロジーについて具体的に学ぼうと、再び審査を受けて工学部へ移ったのです。幼いころから、父に「文系と理系をわけるのはナンセンスだ。車の両輪だ」と言われて育ったので、数学・物理・化学なども自分なりに勉強を続けていたんです。それに、若かったからね。若いころって「やりたい」と思ったら、何でもやれちゃうエネルギーがあるでしょう。克服しなきゃいけないハードルがあったら、むしろ奮起して、全力を挙げて挑んでいく。そうやって生きることが、おもしろかったんです。

とにかく、スタンフォードに入った最大の理由は「考古学の研究資金を稼ぐため」でした。だから、工学部に入ったら入ったで、光ファイバー以外の技術にも目が行くんです。あ、これは考古学に役立つんじゃないか、あ、こっちも……という感じで。たとえば「パターン認識」などの技術です。割れたガラスのコップを元の形に復元するには、ジグソーパズルの3次元版みたいな高度な技術が必要になります。それが「パターン認識」なのですが、当時、割れた破片の画像をひとつずつデータベースに登録することは不可能でした。データベースとは、まだ「文字」と「数字」の世界でしたから。言うまでもなく、わたしの頭には考古学の出土品の欠片の復元のことがありました。光ファイバーについて学ぼうと工学部に入ったのに、データベースの研究もやらなければならなくなったのです。われながら忙しい時代でした。さらにそのあと、医学部でも学ぶことになるのですが……。

## ノーベル賞受賞者に生化学を学ぶ

考古学の発掘調査で怖いのは、十分な医療設備のない僻地で、マラリアや黄熱病などにかかってしまうこと。それと「毒ヘビ」ですね。すでにお話ししましたが、ひとつやふたつ血清を持っていったところで、気休めにしかなりません。現地のブッシュには、何十種類もの毒ヘビが潜んでいるからです。適切な血清を用いなければ、たちどころに生命を落とします。万が一、血清を持ち合わせていない毒ヘビに嚙まれても助かる方法はないものかと、つね日頃から考えていました。

そんなとき、カリフォルニア大学サンフランシスコ校医学部のハーバート・ボイヤー教授と元銀行員のロバート・スワンソン氏に出会ったのです。彼らは、現在世界トップクラスのバイオベンチャー企業となったジェネンテック社の創業者です。当時、彼らは遺伝子工学を用いてインシュリンの合成をやろうとしていました。そこではじめて「遺伝子工学」という学問を知り、なんて夢に満ちた分野だろうと胸が躍りました。遺伝子工学の技術を応用すれば、黄熱病やマラリア、毒ヘビの猛毒に効くような、画期的な医薬品を開発できるかもしれない。そう思って、教授に質問したんです。わたしは考古学の資金を稼ぐためにスタンフォードで学んでいるのですが、将来は中央アメリカに戻る予定なんです、と。そこでは、たとえ毒ヘビに噛まれても生き延びなければならないので（笑）、相談に乗ってくれませんか……と。すると教授は「君のバックグラウンドは何かね」と聞くんです。あなたは何を学んできたんですか、と。わたしは、ビジネススクールから工学部へ移り、現在は光ファイバーの研究をしていますが、学部時代は法学部でした、ただ、将来は考古学に決めていますと答えました。すると教授は「君に説明しても無駄だ」とそっけない。つまり「バイオケミストリー」の基礎を修めていなければ、わたしの話は理解出来ないだろうと言うのです。「バイオケミストリー」という単語は聞いたことがなかったので、早速、手持ちの英和辞典で調べてみると「生化学」とありました。ところが、「生化学」という単語もはじめて見る言葉で、当然、意味がわかりません。そこで今度は「生化学」を学ぶべく、ノーベル賞受賞者のアーサー・コーンバーグ先生から教えを受けることになったのです。先生は、遺伝子工学の父と呼ばれる優秀な研究者で、ＤＮＡ生合成のメカニズムを解明した大学者です。そんな偉大な先生が、工学部の学生だったわたしを受け入れ、そのもとで学ばせてくださったのです。

のちにわたしは全米最先端基礎医学研究を主導するソーク研究所のカウンシルメンバーや、大阪大学大学院医学系研究科の招聘《しょうへい》教授、香港理工大学国際評議会メンバー、大阪市立大学特別客員教授、香港中文大学の医学部栄誉教授、大阪公立大学医学部特別客員教授などに任命されて、国際的な先端医学の分野に関わることになるのですが、それらはすべて、コーンバーグ先生のもとで学んだ経験のおかげです。

振り返れば、やっぱり、父の教えは正しかった。わたしには、理系と文系の区別はありません。互いに関連している。同様に、会社経営も医学部教授も政府の役職も、一見バラバラなように見えるかもしれませんが、すべては、お互い密接に連携しています。医学部で研究し、先進技術の中身を知っているから政府の会合でも自信を持って法律案を提言できる。そして、その法律の中身を知っているから、事業を構想し会社を設立することができる。つまり、研究と立法と実業、三つの視点を持つことで、やりたいことをスピーディに実行していくことができるのです。それぞれの職務を果たすことで、公益資本主義の実現という最終目的へ向けて着実に歩んでいくことができるのです。

そもそも好きなことをやっているなら、絶対に無駄にはなりません。何かへの興味は、必ず、別の何かにつながっているものです。理系と文系とは、本来的には、ひとつのものごとを別の側面から見ているだけのような気がします。

ちなみに、工学部の前の経営学修士いわゆるＭＢＡコースでは、学位は取っていません。１年間、一生懸命に勉強しましたが、わたしの哲学には合わないことがわかったのです。

当時のスタンフォード大学フーバー研究所には、新自由主義経済論者として有名なミルトン・フリードマン教授が在籍しており、学生たちは、彼の理論から大きな影響を受けていました。わたしは、フリードマン教授らの唱える「会社は株主のものである」という考え方に、どうしても納得することができなかったのです。聡明な研究者かもしれないが、とにかく哲学が合わない。祖父や父から教わった会社経営の考え方とは、まるきり反対のことばかり言うのです。

ただ、通ってみてよかったと思うこともありました。それは、投資銀行やアクティビスト、プライベートエクイティのマネジャーなど、将来的に考え方が異なる立場に立つ人々の頭の中や手のうちが、よくわかるようになったこと。のちのち彼らと侃々《かんかん》諤々《がくがく》の議論をしたときにも、あちらの思考回路を熟知していたことが、ずいぶん役に立ちました。新自由主義者の考え方や思考のパターンを知ることで、彼らを仲間にした上で、さらに公益資本主義を実現させる術を知ったのです。わたしは、彼らが何を言ってこようが「かつて同じ場所に身を置いて学んだ人間」として、動じることがなかったのです。

スタンフォードのいいところも言っておかなければ、公平でないですね。ひとつには、わたしたち学生にアメリカの伝統である「フロンティアスピリット」つまり開拓者精神を徹底的に叩き込んでくれたこと。アメリカのフロンティアスピリットは現在の起業家精神とも重なるものですが、それは東部で芽生えて西部へと向かっていく運動でした。フロンティアつまり開拓地を求めて西へ西へと進んでいき、最後は太平洋岸にまでたどり着く。そこから先は海ですから、アメリカのフロンティアスピリット（開拓者精神）を最後のところで引き受けるのは西海岸のスタンフォード大学なんだ……という強烈な自負があった。だからスタンフォードでは、君たち未来ある若者は、官公庁や大企業なんかには入らず、自分自身で会社を起こしなさいと教えるのです。資金がなければ、学校が出してやる、設備が必要なら、学校の備品を貸してやる。何だったらキャンパスのなかに会社をつくったっていいなんて言うもんだから、学生たちはみんな、自然とその気になってしまうんです。

当時の財務長官だったマイケル・ブルーメンソールという人が、スタンフォードのビジネススクールから財務省へひとりも応募者がないものだから、自ら大学を訪問してきて「来年度は、ぜひ財務省へ応募してほしい、そうすれば特別なエリートとして君たちを厚遇する」なんて言って、学生から大ブーイングを食らっていました。スタンフォードの学生たちは「財務省」なんて潰れる心配のないところへ行くつもりなど毛頭なかったのです。リスクがゼロなんて、おもしろくもなんともない。そうじゃなくて、大変でも苦しくても、自分たちの会社をつくるんだ。そんな精神風土の中で学んだわたしもまた、光ファイバーの会社を在学中に立ち上げます。スタンフォードの学生寮の片隅の、あのせまくるしい部屋で。材料の保管庫は「冷蔵庫」でした。

## 伝説の起業家たちとの「ブラウンバッグランチ」

１９７０年代末から80年代初頭のスタンフォードでは、若き日のスティーブ・ジョブズをはじめ、タンデムコンピューターズのジェームズ・トレイビッグやデジタル・イクイップメント（ＤＥＣ）創業者のケン・オルセンなど、新進気鋭の企業家・経営者たちが講義をしにきていました。午前の授業が終わってお昼どきになると、ブラウンバッグランチと言って、彼ら講師陣とわたしたち学生が茶色い紙袋に入ったサンドイッチを持って集まり、食事をとりながら議論をするのが恒例でした。あとから考えると、あれはきっと、優秀な学生をリクルートしに来ていたんですね。そんなこととはつゆ知らず、わたしは、ただただ「おもしろい」という理由で毎回出席していました。

　いまや誰でも知っているスティーブ・ジョブズとも、そのランチで知り合いました。彼らの話を聞いている学生の側にも、のちにサン・マイクロシステムズを創業するスコット・マクネリや、マイクロソフトの社長兼ＣＥＯとなるスティーブ・バルマー、さらにはモルガン・スタンレー、ゴールドマン・サックス、バンク・オブ・アメリカ、チェース・マンハッタン銀行、ＪＰモルガン……将来、そうそうたる企業で頭角を現すことになる学生たちがたくさん出席していました。

　ランチに集う企業家や学生は、おしなべて「テクノロジー志向」「未来志向」の考えを持っていました。そのなかでわたしだけがただひとり「過去志向」でした。何しろ「考古学」の出身なのです。彼らが10年後、20年後の話をしているときに、わたしだけ「1万年前の話」をするんです。この先の未来を考えるとき、考古学に何ができるんだと問われたら「君たちは、せいぜい数十年のスパンでしかものごとを発想していないだろう。そんなのじゃ、短すぎる。こっちは数千年、数万年の単位で物事を考えているんだ」と言い返しました。「君たちも、せめて500年くらいの時間軸でビジネスを考えてみたらどうだい」って。学生たちからは「おまえは何を言っているんだ」と呆れられましたが（笑）、企業家・経営者たちは驚いて聞いていました。そしてほどなく、最初はドイツの貴族の方に紹介されたのをきっかけに、限られた人間しか出入りすることの出来ない「ボヘミアンクラブ」へ招かれるようになったのです。

それは、世界でもっとも著名な紳士社交クラブです。19世紀に創設された由緒ある会員制の集まりで、政界・財界・アート・学術界などの著名人が多数所属しています。歴史的に男性しか入会できず、入り口には女性やペットは出入り禁止と書いてある。いまどき男女不平等も甚だしいんですが、実際にそう書いてあるんです。

後年わたしは、サンフランシスコ市長の顧問に就任するんですが、そのときの市長がのちにアメリカ民主党上院議員の重鎮のひとりとなるダイアン・ファインスタインでした。サンフランシスコの市長なのに、女性だからという理由で、ダイアンもクラブへ足を踏み入れることは許されませんでした。そんな格式の高い、ある意味へんてこりんなクラブに、一介の日本人学生が呼ばれたのです。ビジネスやアートや学術の分野で功成り名遂げてはじめて入会をゆるされるクラブに、です。

そこは、アメリカ人のステイタスシンボルの極めつきみたいな場所なので、まわりの学生たちは「どうしてハラだけ呼ばれるんだ！」と憤っていました。そんなことを言われても、わたしにだってわかりません（笑）。何の実績も肩書もない学生で、そもそもアメリカ人でさえありません。ただただ、ブラウンバッグランチで、たったひとり「1万年前の話」をしていたことが、おもしろがられたから……だけなのです。

クラブでは、スタンダード・オイル・オブ・カリフォルニアという巨大石油会社の会長や、当時の世界最大の製紙会社の経営者など、アメリカのビジネス界の重鎮たちがあちこちで談笑していました。歴代のアメリカ大統領の多くも会員に名を連ねています。そういうお歴々が、わたしの語る考古学や鉄道模型の話を、いたくおもしろがって聞いてくれたのです。このことは、わたしにとって、じつに大きな自信となりました。まだ28歳くらいのころのことです。有名人に近づきたいという下心で考古学や鉄道模型をやっていたわけではありません。本気で好きで突き詰めていた考古学や鉄道に関する知識が、おもしろがられたのです。こうして考古学や鉄道は、わたしの人生の可能性を、たびたび大きく広げてくれました。そこで得た「人との出会い」が、いつだって、わたしの考え方を大きく成長させてくれたのです。

# 第5章

## 人は「信頼」されると「奮起」します。
### リーダーになったら、まずは仲間に信頼を与えよう

## 光ファイバーディスプレイの会社をシリコンバレーに設立

スタンフォード在学中に、光ファイバーディスプレイの会社を立ち上げました。場所こそ「シリコンバレー」でしたが、お金がなかったので「1スクエアフィート当たり電気代・ガス代込みで30セント」という格安物件にオフィスを構えました。1スクエアフィートというのは床面積の単位で、この場合「約30センチ四方で30セント」という意味です。当時でも、そこまで安い物件は滅多にありませんでしたが、とある運動用品の会社の2階に、誰も使っていない倉庫を見つけたのです。不動産屋の仲介物件ではなく、わたしが勝手に発見した空き部屋で（笑）、家主と直接交渉して貸してもらえることになったのです。こんなオンボロ倉庫で大丈夫かと逆に心配されたほどの物件でしたが、いいんです、お金がないから家賃は安ければ安いほど助かるんですと言って。

でも、本当にボロボロだったので、自分でペンキを塗るところからはじめました。

ペンキ塗りについては、アルバイト時代にさんざんやった「創意工夫」が役に立ち、じつに美しくかつ効率的に塗ることができました。会社の看板も自作でした。また、光ファイバーを製造する機械についても、初期のころは、自分たちで材料や部品を買ってきて自作していたんです。もちろん、お金がないからです。長く父の鉄道模型の手伝いをやっていたので、簡単な機械であれば何とかつくることができたんです。メンバーは、わたしと、わたしの弟と、何人かのアメリカ人。ボロボロの倉庫にペンキを塗っただけの、ちいさなちいさな会社として、わたしたちは、ささやかな一歩を踏み出したのです。

光ファイバーの大型ディスプレイは、まったく売れませんでした。つくろうとしていたのは「10メートル×20メートル」の大型ディスプレイ。当時の価格で何百万円もする代物です。おいそれとは売れないだろうことは、もちろん、わかっていましたが……1カ月経ち、2カ月経ち、半年経っても、1台も売れない。テレビくらいのサイズの、価格の安いディスプレイをつくって売ることも当然できました。でも、すでにみんなブラウン管のテレビを持っていたし、わたしたちは「大型ディスプレイ」を会社のアピールポイントにしていたのです。はじめはみんな、おもしろがって話を聞いてくれるんです。そんな大きなディスプレイなんか、まだ誰も見たことがなかったから。でも、結局は「売れない、買ってもらえない」んです。屋外に設置することを念頭に置いていたので、耐久性はどうなんだ、何年くらいもつのか、ハリケーンが来ても大丈夫なんだろうな……とは、しょっちゅう聞かれました。もちろん理論的な値は伝えたのですが、実際にまだひとつも売れていないので、購入の決め手になるような説得力あるデータを提出できなかったのです。学生時代、机の上で事業計画書を書いてほめられたときと、実際に現場でものをつくって売るときとでは、何もかもが、ぜんぜんちがいました。

どうにか光ファイバーの巨大ディスプレイを買ってもらおうと、わたしたちは、ミニチュアサイズのディスプレイを抱えてニューヨーク中を走り回りました。タイムズスクエアのネオンサインの代わりに、当社の巨大ディスプレイで顧客にアピールしませんか……と、手当たりしだいに営業して回ったのです。当然、ただの模型では何も伝わりません。そこで自分たちで映画を作って、画面に映像を映し出して見せるのですが、そうなると8ミリフィルムの映写機なんかも必要になってくる。結局、引っ越しみたいな大荷物をリヤカーに積んで、マディソンアベニューという、ニューヨーク5番街の1本となりの通りを行ったり来たりすることになりました。というのも、その通りには、ヤング・アンド・ルビカム社やマッキャン・エリクソン社など、世界的にも有名な広告会社が軒を連ねていたからです。わたしたちの大型ディスプレイを必要とする会社があるとすれば、まずは広告業界だろうと考えたのです。あるいは、ラスベガスやアトランティックシティのカジノなんかへも、目新しいものをおもしろがってくれそうだと期待して、同じように売り込みに行きました。

ある時、マディソンアベニューで荷物を積んだリヤカーを引いて歩いていると、スタンフォード時代の同級生にばったり会ったこともありました。ゴールドマン・サックスやJPモルガンで働くエリートです。彼らは驚いて「ジョージ、なにやってるんだ?」なんて聞いてくるんですが、わたしは「君たちは紙の上で数字をいじっているだけだろう。こっちの仕事の方がおもしろいぞ」なんて言って自分がやっていることを説明していました。

しかし、マディソンアベニューでも、ラスベガスでも、ある段階までは話が進むものの、最終的には、やっぱり、売れない。買ってもらえない。そんな苦しい時期が、創業から2年ほど続きました。

商売なんて思うようにはいかないものだと、父からもよく聞かされていました。しかし、ここまで難しいものか……と痛感しました。シリコンバレーからニューヨークへ行くのにも、飛行機代とホテル代を節約するため、必ず深夜便に乗って機内で睡眠をとるようにしていました。あまりに大型ディスプレイが売れないので、しかたなく光ファイバーを用いた小型ディスプレイを細々と売り、日々の生活費を稼いでいました。そうするうちに、だんだん、生活も気持ちも「ジリ貧」になっていきました。いつでも楽観的なわたしでさえ、さすがに当時は、もうダメかもしれないと悲嘆にくれる毎日でした。でも、創業から2年を過ぎたころ、ついにはじめて注文をもらったのです！　本当に本当に、うれしかった。買ってくれたのは、「ディズニー」でした。

## はじめて注文してくれたのは「ディズニー」だった

起業して2年ほど、わたしたちの巨大ディスプレイはただの1台も売れませんでした。糊口をしのぐために小型ディスプレイを売っていましたが、会社のお金は、日に日に目減りしていきます。そうやって、当時――というのは1980年代初頭のことですが、すっかり途方に暮れていたときに、ある本を読んだんです。そこには、かの有名なヒューレット・パッカードも自社製品が売れずに困っていたが「ディズニーならば買ってくれるかもしれない」と思って営業をかけたとありました。ディズニーランドという場所は、子どもたちのみならず大人をも夢中にさせる夢の国だが、その「夢」は、これからの時代は、最先端のテクノロジーによって支えられることになるだろう、ゆえにディズニーは購入を決断したのだ……といった内容でした。「これだ！」と思いました。あるいは藁にもすがる気持ちだったのかもしれません。ともあれわたしたちは、すぐに当時のウォルト・ディズニー・プロダクションにアポイントメントをとり、光ファイバーの大型ディスプレイを売り込みに行ったのです。

ディズニーランド本社の所在地はアナハイムですが、ウォルト・ディズニー・プロダクションはバーバンクという、ロサンゼルスの北のほうの都市にありました。わたしたちは、そこへ大型ディスプレイの提案書を持って行ったのです。一緒に会社をやっていた弟と、アメリカ人の仲間と、3人で。資金が尽きかけていましたから、飛行機にも乗らず、自動車で7時間くらいかけて行きました。そして、応対してくれたバイス・プレジデントのビル・ノビーさんに、わたしたちの光ファイバーの大型ディスプレイを導入すれば、あなたたちディズニーの夢をもっともっと大きくふくらませることができますと説明したのです。それはもう、一生懸命に。その後、何度か訪ねてプレゼンを重ねるうちに、ノビーさんは「採用しよう」と言ってくれたのです！　もうね、われわれ、大よろこびですよ（笑）。なにせ、光ファイバーの大型ディスプレイが、はじめて売れたんですから。それも1台だけじゃない、総額1000万円を超える注文をくれたのです。シリコンバレーへ帰る車内の、まあ、にぎやかだったこと、楽しかったこと。あれほど幸せな気持ちを味わった経験は、生まれてはじめてだったかもしれません。真っ暗に淀んでいた世の中が、一瞬にして、天国みたいに明るくなったのです（笑）。

しかし、いざ製造をはじめようという段になり、大きな問題に直面しました。なんと、大型ディスプレイをつくるための資材を買うお金がないのです。仮に総額1000万円の注文とした場合、必要な資材を買いそろえるのに300万円はかかります。それにたいして、当時のわたしたちの手元には60万円ほどの現金しかなかったのです。

しかたなく、会社の預金通帳を手に、バーバンクのディズニーへ取って返しました。そしてノビーさんに預金通帳を見せながら「お恥ずかしい話だが、ごらんのように、われわれにはこれだけの現金しかない。だから、少し注文を減らしてくれないでしょうか」と頼んだのです。ノビーさん、びっくりです。「注文を増やせという相談ならわかるけど、減らせと言われたのは、はじめてだ」って。ともあれ事情を理解したノビーさんは「社内を自由に見学していていいから、しばらく待っていなさい」と言って、どこかへ行ってしまいました。4時間から5時間くらい待ったでしょうか、ようやくノビーさんが戻ってきて、「ほら」と1枚の紙を差し出しました。わたしは、目を疑いました。その紙は、何百万という額面の小切手だったのです。ディズニーは、そんな大金を「前金」として渡してくれたのです。何の実績もない、差し入れる担保もない、どこの馬の骨とも知れないわたしたちに。

わたしは、ノビーさんに聞きました。はじめて取引をする、われわれのような外国人を、どうしてそんなに信用してくれるんですかと。こんな大金、本当に預かっていいんでしょうか……と。すると彼は、わたしの目をじっと見ながら、こう言ったんです。わたしは、君が人をだますような人間でないことを知っている……と。どうしてですかとさらに聞くと「これまでにわたしは何百人、何千人という業者と契約を交わしてきた。だから、わかるんだよ」と。「目を見れば。人をだますような人間かどうかは、目を見れば、たちどころにわかるんだよ」と。だから、つまらないことを心配してないで、早く帰って自分たちの仕事に取り掛かりなさい、ノビーさんは、そう言って、わたしたちを送り出してくれたのです。

## ディズニーが教えてくれた「信頼」の大切さ

わたしたちは、ノビーさんに促されるまま飛ぶようにして帰り、さっそく大型ディスプレイの制作にとりかかりました。光ファイバーを使った、大型のコンピューターディスプレイ。幅は十数メートルはあったと思います。一生懸命につくり、わたしたちは、受注した数のディスプレイを納期より早く納めました。すると、今度はノビーさんが驚いていています。何でも、アメリカにはこれほどきっちり納期を守る業者はいないと言うんです（笑）。もちろん現在は事情がちがうと思いますが、少なくとも当時は、まだおおらかな時代だったのかも知れません。何でも「1カ月や2カ月、納期が遅れることはザラだ」って。「君たちはきっちり納期どおり、それどころか納期より何日か早く納品してきた。これは信用に値する」ということで、その後も、どんどん注文をくれるようになったのです。他の会社に発注する予定だった製品も「君たちの光ファイバーでつくってくれ」って。

こうして、わたしたちの会社は、当時のディズニーの専属業者のようになっていきました。カリフォルニアのディズニーランドだけでなく、フロリダのディズニーワールドにも、大型ディスプレイを納めました。他のコンピューターメーカーからも、どんどん電話がかかってくるようになりました。こうなると、ビジネスとしては「大成功」と言っていい状態です。わたしは「スペクトラ・フィジックス」という光電子工学の学会誌に論文を発表していたので、よく「ドクター・ジョージ・ハラはいるか」という電話がかかってきたんです。ドクターと言えば聞こえはいいんですが、当時のわたしは「受付兼工員兼社長」。だから「わたしです」と答えたら「君の会社には受付係はいないのか」と訝しがられました（笑）。成長のスピードに、会社の体制が追いついていなかったんですね。社長であるわたしがすべて兼務していると答えたら、電話の相手も「まあ、それなら話が早い」って（笑）。

あるとき、当時ＩＢＭの次に大きなコンピューターメーカーの「スペリーランド・

ユニバック社」から連絡があり、君の書いた論文を読んだ、おもしろいと思ったから、ひとまず大型ディスプレイを1台だけつくってくれと言うんです。ディズニーからの仕事で大忙しだったので、さすがに1台だけの注文は受けられません。そこで、うまいこと断ろうと「申し訳ないのですが、我が社の最低ロットは50台なんです」と答えました。プロトタイプを含めれば最低51台、その数がミニマムなんです、わたしどもも暇ではないので……と。50台なんて大口の注文だし諦めてくれるだろうと思ったら、その場で「わかった、じゃあ51台、注文しよう」と。そう言われたら、つくらなきゃならないでしょう？（笑） そんなこんなで、わたしたちの会社は急成長していきました。この時点で、従業員の数は50名以上になっていたと思います。

ディズニーのノビーさんが、わたしたちに前金の小切手を渡してくれたことは、本当にすごいことだと思います。何の実績もないわたしたちを信用し、まとまった資金を提供してくれたのですから。あの英断に、いまでも感謝しています。学生時代、エルサルバドルへの海外旅行を催行したとき、第一製版という印刷会社の飯島社長がパンフレットを無料でつくってくれたことがありました。あのときの感動に匹敵するほどの、わたしにとっては忘れられない出来事です。やはり「自分は信用されている」と実感すると、人間、骨の髄まで引き締まるものです。そして、信用してくれた人のために一生懸命に働こう、できるかぎり期待に応えよう、そんな決意が全身にみなぎってくるものです。第一製版の飯島社長からの厚意と、ディズニーのノビーさんからの信頼。そのふたつが、わたしのその後の仕事への姿勢に、もっといえば、わたしの生涯そのものに、決定的な影響を及ぼしています。

わたしは、いまでも、スタートアップに対して出資するかどうかは「その人の目が澄んでいるかどうか」で決めています。冗談でも比喩でもなく、「きれいな目をしているかどうか」が「出資の決め手」なのです。ディズニーのノビーさんが、わたしの目を見て信用してくれたのと同じように、です。学歴や職歴なんて、どうでもいいのです。そんなものは、その人の資質とは関係ないからです。重要なのは「人間」です。それだけです。そして、ほとんどの人間は、信用を与えられたら一生懸命に働くものです。他ならぬわたしが、そうでした。

読者のみなさんも、もし人の上に立つようなことがあったら、まずは「はじめに、与えること」です。わたしが社員のことを思えば、同じように、社員もわたしのことを思ってくれる。「ギブ・アンド・テイク」ではありません。言うなれば「ギブ・アンド・ギブ」の関係です。ビジネスには、信頼をベースにした「人と人との関係性」が、何よりも重要なのです。

## 東京ディズニーランドの技術顧問に

しばらく、そんなふうに仕事をしていたのですが、あるときディズニーランド本社へ呼び出されました。そこで「東京にディズニーランドをつくる」と聞かされたのです。計画はすでに秘密裏に着手されているが、極秘プロジェクトのため「すべて他言無用」という書類にサインさせられたうえで、プロジェクトの技術顧問に任命されました。東京にディズニーランドをつくるため、力を貸してほしいと頼まれたのです。園内のディスプレイ関連はもちろん、遊具の制御システムなど東京ディズニーランドの光ファイバー関連技術の担当として働いてくれ、と。そんなわけで、開業当初の東京ディズニーランドに大型ディスプレイの設計、製造、設置を行いました。当時わたしはまだ、30代になったばかり。ディズニーが借り上げていた高輪《たかなわ》プリンスホテルから、毎日毎日、東京ディズニーランドの建設予定地へ通いました。

ディズニーの情報管理は徹底していて、建設現場の写真は一切、撮ってはいけないことになっていました。ただし、技術顧問は例外。つまり、わたしだけは、自由に何でも撮り放題だったのです。だから、ディズニーランド本社も持っていないような写真が、わたしの手元にはたくさんあるんです。ときおりディズニーが写真を借りに来るほどです。

ともあれ、1983年の4月15日に、東京ディズニーランドは華々しくオープンしました。わたしは裏方として開園の式典にも出席しました。のちにアメリカで出版されたディズニーをはじめとした起業家たちの物語を記した本の日本語版（『夢を追いかける起業家たち』２０１７年、西村書店）のあとがきも、わたしが書いています。

ちなみに、その文章では、ディズニーの他にも、Apple、Google、Facebook など、現在、誰もが知っている世界的企業との関わりに触れています。スティーブ・ジョブズとは、スタンフォードのブラウンバッグランチで知り合いました。ビル・ゲイツとは、わたしがボーランドという世界第2位のコンピューターソフトウェア会社の会長だったときに知己を得ました。マイクロソフトを駆逐するんじゃないかというくらい、ボーランドに勢いがあったころの話ですね。マイクロソフトとは、まさに「食うか食われるか」の間柄だったのです。また、Facebook の大株主だったジム・ブライヤーは、わたしが出資していた全米第2位のベンチャーキャピタル、アクセル・パートナーズの同僚で、マーク・ザッカーバーグにお金を出そうと決めた人物。つまり、アクセル・パートナーズが、Facebook にはじめて出資したベンチャーキャピタルなのです。

すっかり話が逸れました。ともあれ、スタンフォードで立ち上げた光ファイバーの会社は、ディズニーからの注文をきっかけに成功することができましたが、その後2005年に解散しました。理由は、いよいよ「考古学へ戻ろう」と思ったから。結局、さまざまな事情で、いまだに戻れていないのですが……。次章では、80年代から取り組んだ「ベンチャーキャピタル」について、お話しします。また、公益資本主義については、第8章で詳しく述べたいと思います。

# 第6章

## 大好きなものがあることの、つよさ。
「好き」こそが将来の可能性を広げてくれる

## ジョブズのAppleを急成長させたもの

Apple のスティーブ・ジョブズや、銀行のATMシステムで有名なタンデムコンピューターズを創業したジェームズ・トレイビッグなど新しい時代の起業家には、おしなべて「若い」という共通点がありました。彼らとスタンフォードで知り合った当時も、どうしてこんな若い人が、創業からわずか数年で何百人もの従業員を擁する企業をつくりあげることができたのか、不思議でした。なぜなら、有名な松下電器の松下幸之助さんにしても、尊敬するオムロンの立石一真《たていしかずま》さんにしても、みんな何十年もかけて会社を大きくしているんです。その歩みは少しずつ、少しずつです。何百人もの従業員を抱えるころには、髪の毛も薄くなり、眉間にもしわが寄って、顔には苦労のあとがにじみ出ている。会社を立ち上げ、自らの夢や理想の実現へ向けて邁進してきた反面、逆にいえば「そればかりに心血を注いできた」のが、ひとつ前の時代の典型的な創業者像でした。少なくとも、わたしがあこがれを持って見つめてきた人たちは、そうでした。ところがスティーブ・ジョブズやジェームズ・トレイビッグなど新時代の創業者たちは、短い期間でスタートアップを大企業へと変貌させたのです。その理由は、彼らが「ベンチャーキャピタルに出資してもらっていた」からでした。

わたしの光ファイバーの会社は、誰かにお金を出してもらうこともなく、すべて自分のお金でまかないました。だからこそ、あんなボロボロの倉庫からはじまったわけです。投資家からの金銭的な支援に頼らず、自己資金でやっていこうと最初から思っていたのです。社長である自分の給料なんか出なくても、食べていけさえすればいい……という気持ちではじめています。まだ結婚もしていなかったし、若いから寝るところなんかも、どこでもよかった。実際よく会社の硬い床で横になっていましたが、考古学の発掘調査では、ジャングルの中、毒ヘビに襲われる危険ととなりあわせで寝ていたんです。それに比べたら、会社で寝るなんてどうってことない。事務所の机や椅子はゴミ捨て場から拾ってきて、簡単な工作機械は自分たちでつくりました。電動タイプライターくらいです、しぶしぶ買ったのは。高価な計測機器については、スタンフォードの備品を使わせてもらいました。ペンキ塗りは、お手のものです。とにかくお金はないんだけれど、これから何かがはじまるんだという、胸の躍るような日々を過ごしていたんです。疲れを知らずエネルギーに満ち、どんな困難にも立ち向かう気力がありました。なるほど、起業するって楽しいや、と実感する毎日。1日20時間も働いたって、へっちゃらです。それが「若さ」ということだったんですね。この点は、スティーブ・ジョブズも同じだと思います。

わたしとスティーブ・ジョブズらとの間にちがいがあったとすれば、それは彼ら新時代の創業者が「ベンチャーキャピタルにお金を出してもらっていた」ことでした。だから、彼らの会社は急成長できたのです。立ち上げたばかりの会社を急成長させる秘密は「ベンチャーキャピタル」にあるということを、わたしは、スタンフォードで学んだのです。

## ベンチャーキャピタルの道へ

日本語に訳すと、ベンチャーは「冒険」で、キャピタルは「資本」ですね。英語の単語としては、当然、どっちも知っていました。でも、そのふたつを足した「冒険資本」なんて言葉は、聞いたこともなかった。まわりの日本人、たとえば大蔵省から派遣されてスタンフォードに留学してきた人たちも、そんな言葉は知らないと言う。まだまだ、そういう時代でした。アメリカ人も似たようなもので、言葉自体は知っているけど、実質的な中身について説明できる人はほとんどいなかったと思います。ベンチャーキャピタルは、生まれたばかりだったのです。

そんな折、スタンフォードにフランクリン・ピッチ・ジョンソンという人が講師としてやってきました。彼は、ベンチャーキャピタルという仕事をつくりあげたうちのひとりでした。わたしは彼のコースを受講し、そこで、ベンチャーキャピタルの何たるかを理解しました。わたしは「ああ、これがベンチャーキャピタルなんだ。ベンチャーキャピタルとは製造業なんだな」と思ったのです。

なぜなら、ベンチャーキャピタルが「無から有をつくりだしている」ように見えたからです。何もないところから、何らかの「企業」という「実体」をつくりだす。病気を治療するには医学の知識が必要ですが、実際には、知識だけでは患者の病気を治せない。知識をテクノロジーに落とし込み、さらには、そのテクノロジーを事業化する。そこまでやってはじめて、目の前で苦しんでいる人の病気を治すことができるようになるのです。また、考古学で発掘した出土品の欠片を復元するためのデータベース技術について、もともとわたしは「考古学で使うためのもの」と捉えていたわけですが、発想しだいでは他のさまざまな分野に応用することができます。そのときに「ベンチャーキャピタルの資金」が、大いに役に立つのです。なるほど、まさに「製造業」じゃないか、わたしの祖父がやっていたことと同じ、「無から有をうみだす」製造業だ、と。ビジョンや夢や知識など実体なきものを事業として形にしていく活動なんだ、と。紙の上に書かれた科学的な理論を、人間社会で役に立つものにつくりかえていく、それがベンチャーキャピタルだと感じたのです。ああ、これは、わたしのやりたいことだ。そう思いました。わたしは、ベンチャーキャピタルを「やりたい」と思ったんです。

そこで、のちにAmazonやGoogleに出資することになるクライナー・パーキンス・コーフィールド・アンド・バイヤーズというベンチャーキャピタルの会社に手紙を書いたり、彼らが講師をしていた授業の教室の外で待ち伏せしたりして（笑）、何名かのベンチャーキャピタリストの知遇を得ることに成功しました。当時は彼らと話をしていても「ベンチャーキャピタルとはメーカーである」ということを、強く実感したものです。そもそも、当時のベンチャーキャピタリストのほとんどが「メーカー出身」だったんです。ＩＢＭをはじめとしたコンピューター製造業や半導体メーカーから来ている人ばかりでした。彼らはものをつくる経験と売る経験をしていました。

しかしながら、現在のベンチャーキャピタリストは投資銀行や経営コンサルタント会社の出身が多い。つまり「実体経済」に関わってこなかった、形あるものをつくって売るという経験のない人たちばかりなんです。そういう人たちが、現在のベンチャーキャピタリストの主流をなしている。現在のベンチャーキャピタルは、わたしが「ああ、これは製造業だ」と感じたころのベンチャーキャピタルとは、まったくちがう職業なのです。

なお、わたしが１９８４年に創業した「デフタ・パートナーズ」という会社は、スタンフォード時代に立ち上げた光ファイバーの会社で稼いだ資金を元手につくりました。大型ディスプレイ製造販売のあと、微細な光ファイバーを血管に通し血中糖濃度を分析する機器を開発して医療分野へも進出し、ベンチャーキャピタルを創業できるだけの資金を得ていたのです。アメリカ・イギリス・イスラエルに拠点を構え、後述するウォロンゴング社への出資を皮切りに、わたしは、ベンチャーキャピタリストとして、ソフトウェア、半導体、通信、バイオ、ライフサイエンスといった分野へと出資していくことになります。１９９０年代には、わたしが出資してパートナー（共同経営者）に名を連ねていたアクセル・パートナーズという会社が、アメリカで第２位のベンチャーキャピタルにまで成長しました。

## 出資金は「ちょっと足りないくらい」がいい

ベンチャーキャピタルは「お金を出す」のが仕事です。ただ、わたしは「創業期に、お金を出しすぎない」方針を立てていました。誰だって、急に「どうぞ１００億円です、会社を大きくするのにお役立てください」なんて言われたら、立派すぎる事務所を借りたり、社長専用の高級車を買って運転手も雇おう……とか変な話になってしまうのです。それまでの生活が一変し、創業の志もどこかに忘れ、結果、肝心の事業もダメにしてしまう。そういうケースを、たくさん見てきました。一夜にして大金持ちになってしまった自分は、それまで、大志を抱いて切磋琢磨していた自分とは「別人」なのです。ありあまるような出資を受けたことで、自分自身がえらくなったと勘違いしてしまう人も多かった。他人に対する敬意を欠くようになり、どこか態度もぞんざいになってくる。大企業からベンチャーに転職してきた年長の人たちを呼び捨てにする日本人経営者にも会いました。そういう人は、自分がダメになっていることに気づかないまま、結局「裸の王様」に堕してしまうのです。結果として事業もうまくいかなくなり、お金が底をついてしまえば、まわりからは誰もいなくなってしまいます。そういう例を、嫌というほど見てきました。

しかし、自分たちは無から有をつくりだす製造業者であり、あくまで実体経済に関わっていくんだという気概を持ったベンチャーキャピタリストの場合——わたしもそうあろうとしていましたが——最初に必要最低限の金額よりも「1割」くらい少ないお金を出すのです。「ちょっと足りないくらいの額」を前にした起業家は、何かを勘違いせず、引き続き事業の発展に取り組むことができる。逆に「半分」くらいしか出資しないと、また別の無理がたたって失敗してしまいます。経験から言うと「1割足りないくらい」が、事業をもっとも成功に導きます。そして、最初の出資から半年もしくは1年後に、当初の計画がどれだけ達成できているかを確認したうえで、次なる出資の額を決定していくのです。そうやって段階を踏んでいけば、急激にではなく少しずつですが、事業は着実に成功へと近づいていくものです。

もちろん、地道な成長の過程で失敗してしまうこともあるでしょう。それはそれで、いいんですよ。わたしは、自らの経験から、人生には無駄なことなどひとつもないと断言することができます。失敗も成功も、すべて自分の「財産」なのです。何にせよ「経験」というものは、長い目で見れば、人生にとってはプラスにしかなりません。途中で諦めてしまわない限りはね。そんなふうに、わたしは考えています。

自分の会社をつくるということは、じつに困難を伴う作業です。大きな会社に入れば、仕事をするためのしくみや道具が、最初からすべてそろっていますよね。自分で立ち上げた会社では、そういうわけにはいかない。鉛筆1本から、すべて、自分たちで買いそろえなければなりません。でも、その代わり、大会社で10年働いたくらいの経験が、1年くらいでできるのです。

当時、先輩ベンチャーキャピタリストからも、こう言われたことがあります。ベンチャーを立ち上げるということは、君の知らない世界に毎分毎秒、直面するということとだ……と。困難な日々が待ちうけているだろう、でも、その代わり、大きな企業に入るより100倍多くを学べるだろう……と。たしかに、そのとおりでした。わたし自身、みずから起業してみて、そのことを実感しています。いま、この本を読んでいる若い人たちも、ぜひ、失敗を恐れず自分の人生に挑戦してほしいと思います。

## はじめての出資はウォロンゴング社

スタンフォードで、驚いたことがあります。それは「図書館」でした。セシル・H・グリーン図書館というメインライブラリが、ハーバードなど他大学の図書館やアメリカ議会図書館などとオンラインでつながっていたのです。ときは1970年代、現代の「インターネット」など影も形もない時代に、です。各地に分散する大型コンピューターを通信回線で接続した「ARPANET」というネットワークを用いていました。これは、1960年代に国防総省が構築した軍事用ネットワークをアカデミズムが導入したもので、スタンフォードやハーバードやMIT（マサチューセッツ工科大学）を拠点校に各校の研究機関を相互につないでいたのです。これが、のちの「インターネット」へと発展していくことになります。

ここからはやや専門的な話になりますが、現在、わたしたちが便利に使っているインターネットは「TCP/IP」という通信プロトコル（通信手順）によって構築されています。電源プラグで例えると、日本のソケットとアメリカのソケットは一緒だけど、ヨーロッパのソケットはかたちが違う。そこで、日本の家電製品をヨーロッパで動かすためには、互いを仲立ちするアダプタが必要になります。同じように「TCP/IP」とは、異なるネットワーク同士を接続するための手順のことです。

当時、スタンフォードで使われていたコンピューターはデジタル・イクイップメント（DEC）という会社が製造していました。デジタル・イクイップメント社のオペレーティングシステム、いわゆる「OS」は「VMS」という規格。マイクロソフトなら「Windows」、Apple なら「macOS」にあたる、コンピューターを動かす仕組みのことですが、当時「VMS」のコンピューターは「DECnet」という独自の通信プロトコルでつながっていました。つまり「TCP/IP」を採用していなかったので、原理的には、インターネットの原型である「ARPANET」に接続することはできない。にもかかわらず、事実、わたしの目の前にあるスタンフォードのコンピューターは、「ARPANET」につながっている。これは、どういうことか。スタンフォードのデジタル・イクイップメント社のコンピューターの「VMS」というOSに「インターネットに接続するためのプロトコルを書き込んでいる誰か」がいるはずだ……

と考えたのです。それはいったい「誰」なのか。気になったので調べてみると、ウォロンゴングという会社のダン・ラデマンという人物でした。

ウォロンゴングとは、オーストラリアのアボリジニの言葉であり、現地の大学の名前にもなっています。つまり、ウォロンゴング社は、オーストラリアのウォロンゴング大学出身のエンジニアがシリコンバレーで立ち上げた会社でした。デジタル・イクイップメント社のコンピューターは、彼らが書いた「TCP/IP」のプロトコルで「ARPANET」につながっていたのです。

会社の所在地は、スタンフォード大学から3マイル、つまり5キロくらいのところ。自転車で行ける距離です。さっそく訪問すると、当のダン・ラデマンは、わたしと同じくらいの年齢の青年でした。当時ですから、まだ20代ですね。話してみると、非常におもしろい人物でした。そこで、のちのち1983年の東京ディズニーランド開園の際に入ってきたお金を、ウォロンゴング社に出資することにしたのです。これが、わたしの「はじめての出資」となりました。ベンチャーキャピタルとしての第一歩を踏み出したのです。

ちなみに、デジタル・イクイップメント社の本社はボストン近郊にあって、創業者はケン・オルセンという人でした。彼に、インターネットに関心はないのかと質問したことがあります。すると彼は「あんなものは、すぐに廃れる」と言うのです。当初は、ビル・ゲイツも同じような意見だったと思います。つまり、出てきたばかりの「インターネット」に対しては、否定的な意見が支配的だったのです。Apple のスティーブ・ジョブズでさえ、インターネットはやがて消え去る運命だと思っていたはずです。なぜなら、当時は、どの企業も「自社製品同士をつなぐネットワーク」を構築していたからです。たとえば、ＩＢＭなら「ＳＮＡネットワーク」というように。自社製品だけからなる閉じたネットワークに顧客を囲い込み、その中で、自社のマシンに最高のパフォーマンスを発揮させる。それに対して「インターネット」とは「世の中のすべてのコンピューターをつなぐ思想」です。そこでは「もっとも性能の低いコンピューター」に基準を合わせなければならない。そんな粗悪なネットワークなんか誰も使わないだろうと、ケン・オルセンも、ビル・ゲイツも、スティーブ・ジョブズでさえも、考えていたのです。彼らは、コンピューター同士をつないでしまえば、自社製品を売りにくくなると思っていました。わたしは、インターネットほど便利なものはない、必ず世界を席巻するはずだと直感的に感じていました。ゆえに、インターネット接続プロトコルを書いていたウォロンゴング社に「はじめての出資」をしたのです。そして、このときの出資が——一旦は経営危機に瀕しましたが——のちのち大きなお金に変わることになるのです。

## 国防総省の役人をリクルートする

はじめは「ただの出資者」にすぎなかったのですが、毎週のようにウォロンゴングを訪ねては次々と新たな提案をするもんだから（笑）、「そんなに言うなら、取締役になってくれ」と頼まれ、承諾しました。当時、情報処理の分野で中核的な存在であったミニコンピューターの分野ではウォロンゴング社が圧倒的なシェアを誇っていました。デジタル・イクイップメント社も、ヒューレット・パッカード社も、あらゆる企業がウォロンゴングのソフトウェアを使っていたのです。ミニコンピューターと競合していたワークステーションの分野でも、取締役であるわたし自身がほうぼうへ営業して、徐々に普及しはじめました。しかしながら最上位のスーパーコンピューターやメインフレームコンピューターのリーダーであったＩＢＭは、頑として使ってくれないのです。当時のＩＢＭは業界の王者で、よその会社のつくったソフトウェアなんかには見向きもしなかった。でも、ＩＢＭに使ってもらわなければ、どんなにすぐれたソフトウェアでもデファクト・スタンダード（業界の標準）にはなりえない。何度ＩＢＭに営業をかけても、首を縦に振ってはもらえませんでした。

そこでわたしは、ウォロンゴングにひとつの提案をしました。インターネットは、もともと国防総省がつくったネットワークでしょうと。ならば、国防総省の人間をウォロンゴングにリクルートしてくれれば、ことがうまく運ぶんじゃないか、と。可能性は低いかも知れない、でも、やってみなきゃわからない。さっそくこの人はという人物を見定めて国防総省へ赴き、ウォロンゴングへの移籍話を持ちかけました。わたしたちはインターネットに大きな可能性を感じている、近い将来、世界中の人々が使うことになると思うが、現状、ＩＢＭは我が社のソフトウェアを導入してくれそうにない。そこであなたに、ぜひ我が社に来ていただいて、ＩＢＭへのソフトウェア導入に一役買ってもらえないか……と。国防総省の仕事は、やりがいもあっておもしろいでしょうが、わたしも考古学研究者だったのに、いまの会社に思いがけずめぐりあって楽しくやっている。カリフォルニアという陽気な街で、新しい人生をエンジョイしてみてはどうか……とか何とか言って。

するど彼は「わたしは、カリフォルニアというところが大嫌いなんだ！」と言うんです。「以前、ロサンゼルスのハンバーガーショップに行ったら、ローラースケートを履いた若い女がミニスカートをヒラヒラさせて注文を取りに来た。わたしは、ああいう風潮が大嫌いなんだ！」って（笑）。国防総省のお役人って、ほとんど「軍人」ですからね。自分たちには伝統的な東部の水が合う、よって「カリフォルニアなんて浮わついた土地の会社でなんか、わたしは絶対に働きたくない！」とはっきり言われてしまったんです。そこで、わたしは、隣に座っているダン・ラデマンの足をちょこんと蹴って言いました。「わかりました。我が社の本社を、ただちにワシントンDCへ移しましょう」と。相手は「何？　そんなことを簡単に決められるはずがないだろう」と言うので「いえ、いまここで、われわれふたりで決定します」と断言しました。「そんないい加減な会社があるか！」とさらに怒られたんだけど（笑）、「どうしても、あなたに来てほしいんです。そのためにできることは、ぜんぶやろうと思っています」とお願いしました。結果的には、その人、ウォロンゴングに来てくれたのです。そして、ウォロンゴングは、みごとＩＢＭへのソフトウェア導入に成功するのですが……。

どんな世界にも「栄枯盛衰」というものがあります。90年代に入ると、ＩＢＭの没落がはじまりました。はじめは「粗雑」だったインターネットが普及していくにつれ、ＩＢＭ製の高性能メインフレームのコンピューターなど必要なくなってきたのです。個々のワークステーション同士をインターネットでつなぐほうが、はるかに効率的で安全性も高いことがわかったんですね。代わりに、サン・マイクロシステムズやシスコ・システムズ、オラクル、そしてわたしたちのウォロンゴングなどの新興企業が成長していきました。現代へとつながるインターネット世界は、そのようにして、できあがっていったのです。

## 出資の基準は「考古学に役立つかどうか」

考古学の発掘調査に没頭していたとき、掘り出した破片のかたちを電話で伝えることの難しさを痛感していました。テレビ電話があれば、どんなに楽だろう……って。ぱっと見せるだけで一目瞭然ですから。でも、映像を送受信するとなると桁違いのデータ容量が必要で、電話線を何百本も束にしなければやりとりできません。当時の国際電話が1分で250円だったとすれば、100本束ねると2万5000円にもなってしまう。1分で、ですよ。そのような「回線束ね方式」のテレビ電話もあるにはあったのですが、お金はかかるわ、接続するためのオペレーターもテレビ電話のための専用の部屋も要るわで、じつに非現実的なシステムでした。そういう実体験から、安価で手軽なテレビ電話を実現しようという意思とアイディアを持った人に資金を出したりしているうち、徐々に、さまざまな企業の経営に関わるようになりました。たとえば、世界初のテレビ電話会議システムの会社・ピクチャーテルの創業に出資しました。ピクチャーテルは、のちにポリコムという企業に吸収合併されるんですが、そのポリコムにお金を出したのも、われわれデフタ・パートナーズ。同社は、いまでは世界最大のテレビ電話会議システムの開発メーカーとなりました。なお、ピクチャーテルは、今日みなさんが便利に使っているZOOMの「先祖」とも言われています。つまり、現在世界で使われているテレビ電話会議システムは、もとをただせば、わたしたちが出資した会社をルーツとしているのです。

こうして、気づけばベンチャーキャピタルの仕事が増えていきました。ただし、ウォロンゴングへの出資を皮切りにベンチャーキャピタルとして次々に出資しはじめたかというと、必ずしもそうではありませんでした。

そもそもは、考古学の研究資金を稼ぐためにビジネスの世界へ足を踏み入れたのです。いつか考古学へ戻ろうという気持ちは、つねに、心の片隅にありました。だから、闇雲に出資していたわけではなく、将来的に考古学に役に立ちそうなテクノロジーにばかり出資していました。まずはベンチャーキャピタルとして考古学のテクノロジーをサポートし、その技術的な土壌を整えてから研究生活へ戻ろうと考えていたのです。考古学に戻るには、マラリア、黄熱病、狂犬病といった熱帯感染症から自分の身を守る必要があります。そこで、その分野の生化学についても独学で学び、1988年には、バイアジーンという世界初の遺伝子治療の会社に出資しました。治療薬の会社ですから、これも当然、考古学の発展にとって有益だという考えからです。「いかに考古学の役に立つか」という観点から、わたしは、順番にテクノロジーを「発掘」してきたようなものです。光ファイバーの技術、半導体の技術、ライフサイエンスや医学の開発。あるテクノロジーを考古学的な観点から捉えなおすと、まったく新しい分野に応用できることもわかりました。

逆に言えば、考古学の役には立ちそうにないテクノロジーに対しては出資しませんでした。Amazon や eBay といった会社への出資話もありましたが、乗りませんでした。理由はすべて「考古学」や「考古学に役立つテクノロジー」に関係ないからです。考古学の役に立たないと思う申し出は、すべて断っています。上場したあかつきには、元手の10倍はもうけさせてあげましょうなんて言われても、出資しません。考古学や考古学に役立つテクノロジーに関係ないものには、誰に何を言われようとも、興味を持つことができないのです。考古学の研究資金を稼ごうとスタンフォードに入ってからというもの、なかなか考古学へ戻るきっかけをつかめないまま、ここまできてしまいました。でも「いつかは考古学へ戻りたい」という気持ちは、いまでも、忘れていません。

## なぜ、テクノロジーが重要なのか

なぜ、考古学やそのための「テクノロジー」に固執するのか。アメリカ社会は、90年代以降、経済的な豊かさのみを追い求めるようになっています。ＩＢＭにしても、ゼロックスにしても、60年代くらいまでは、従業員とその家族を大切に考える、すばらしい会社だったのです。日本でも放映された『パパは何でも知っている』というテレビドラマは、アメリカ中産階級の家庭をモデルにしていますが、あの物語の中の豊かで幸せな家庭生活を支えていたのは、従業員を大事にする大企業だったのです。

しかし、ベトナム戦争をきっかけに政府に対するアメリカ国民の信頼が揺らぎ、社会のモラルが崩壊しました。80年代には新自由主義経済学の理念が浸透し始め、米ソの冷戦が終わった90年代以降になると、アメリカ社会は経済至上主義的な方向へ大きく舵を切り、社員を大切にしようという会社はほとんど消えてしまいました。株主の利益を短期で最大化するために、従業員を「道具」のように見立て、少しでも業績が悪化すればすぐにクビを切る。中長期の研究開発は、断じて許さない。時間をかけた着実な研究こそが、10年後、20年後、50年後の世の中で役立つにもかかわらず、です。

株主の利益を短期で最大化しようと目論む人たちは、そんな気の長い研究開発にお金を使うなんて狂気の沙汰だと考えています。そんな「無駄遣い研究所」は即刻閉鎖し、その設備や土地を売り払って売却益を株主に配れとまで言う。将来世代に対するテクノロジーの重要性を、まったく理解しようとしないのです。

この時期にジェネラル・エレクトリック社のサーノフ研究所やゼロックス社のパロアルト研究所など、米国で時間のかかる基礎研究を行っていた研究所が縮小、ないし廃止されることになります。また、この時期に中央研究所を閉鎖したイーストマン・コダック社は、2010年代に倒産しました。

テクノロジーは、なぜ重要なのでしょうか。まずわたしは、人を接待したり、ヨイショしたり、おべっかを使ったりして注文を取ることが苦手です。同じように感じている方もいるのではないでしょうか。つまり、おべっかの苦手なわたしの場合は、お客さまのほうから「君たちのつくるものがほしい、売ってくれ」と言われる製品をつくる必要があるのです。まだ世の中に存在していないけれども「こんなものがあったら、絶対ニーズがあるはずだ」という製品を、テクノロジーの力でつくりだす。そうやってうみだした商品は、高付加価値で、価格を落とさずとも、お客さんのほうからほしいと言って買ってもらえます。高い収益を上げることができ、かつ、お客さんからも感謝してもらえる。そんな仕事ができたら、最高じゃないですか。自分が得意なものを見極めることが重要なのです。

　また「教育を受けた、健康で豊かな中間層を世界中につくる」という目標は、人間の力だけでやっていたら、いつまでたっても達成できません。実現へのスピードを上げていくためにも、すぐれたテクノロジーが必要なのです。次の章で詳しくお話ししますが、バングラデシュのケースが、まさにそれです。途上国に遠隔教育・遠隔医療のネットワークを構築し、テクノロジーの力で教育と医療の閉塞状況を打開する。その際、学校や病院をひとつひとつつくっていたら、とうてい間に合いません。わたしにとってテクノロジーは「機動力」とほとんど同義です。ものごとを早く、効率よく進めて完成まで持っていくための力です。ただし「テクノロジー」というものは、遅かれ早かれ、いつか必ず陳腐化します。それが、テクノロジーの宿命です。だからこそ、中長期を見据えた研究開発が欠かせないのです。わたしの、もうひとつの目標である「与えられた寿命をまっとうする直前まで、すべての人たちが健康で幸せに生きられる社会」をつくるためにも。

　ところが「会社は株主のものだ」と考える人たちは、うまくいくかどうかもわからない、時間やお金のかかる研究開発に対して断固反対します。ほんの10年後には、現在のテクノロジーは必ず陳腐化していく、だから、いまから研究開発を進めておかなければならないと説明しても、聞き入れてはくれません。「言ってることはわかるけど、その破綻が来るのは10年後でしょう」と。「そのころには、自分はとっくにファンドマネジャーを辞めている。それまでは時間と金のかかる研究開発なんかやらないでくれ、そんなお金があるなら株主に配ってくれ」と言うのです。彼らは「もし、研究開発が失敗したらどうするんだ。大損じゃないか」と主張します。失敗、その可能性は、つねにあります。挑戦に失敗はつきものだからです。しかし、仮に失敗したとしても、技術そのものは進歩します。失敗こそが、次の研究開発の礎になるからです。研究に携わった研究者も、失敗の経験に学んだうえで、次の研究をスタートすることができる。まさしく「失敗は発明の母」なのです。

株主資本主義的な考えの人たちは、こういう説明に耳を貸そうとしません。アメリカのビジネス界・ベンチャーキャピタル界隈は、そんな人たちが大勢を占めるようになりました。わたしの世代のベンチャーキャピタルのように、時間のかかる研究開発に出資しようという人間は、ほとんどいなくなりました。できるだけ短期でリターンを得ようと目論む人たちが、現在のベンチャーキャピタルの主流を占めています。90年代のアメリカで第2位のベンチャーキャピタルの会社を経営していたわたしが、いまでは「ベンチャーキャピタリストとは呼ばれたくない」と言う理由が、ここにあります。研究開発に10年かかりますという起業家は、１００％出資してもらえないでしょう。それがシリコンバレーの現実です。

すでに90年代の後半には、製品のプロトタイプができていなければ出資は望めませんでした。プロトタイプがあるなら出資を検討しよう、ということです。２０００年代になると、プロトタイプだけでなく、きちんと売り上げが立っていなければ出資してもらえなくなりました。むちゃくちゃですよね。ちいさな可能性を見出して一緒に育てていくのが、ベンチャーキャピタルの本来の姿だったはず。わたしが出資するなら、製品のプロトタイプができる前に少額のお金を出し、一緒に事業をゼロからつくり上げていきたい。おたがいに意見を戦わせながら、おたがいにアイディアを交換しながら、ともに大きくなっていきたい。モノがないなら足を使って集める、カネがないなら頭を使って工夫するのがベンチャーキャピタルだったはずです。

現在のやり方のままでは、独創的な企業は決して生まれないでしょう。会社を作る段階から転売することを考え、上場を前提として事業を起こしたり、投資をしたらいかに短期でお金になるかを計算したりする人種が、いまの米国ではベンチャーキャピタリストと呼ばれています。マネーゲームがベンチャーキャピタリストの仕事なのであれば、わたしは、もうベンチャーキャピタリストではない。あまりに哲学が違いすぎるのです。

# 第7章

## 夢のまた夢?　それ、実現できるかもよ?
## イメージは「見えない階段を1段ずつ」登ること

## バングラデシュの遠隔教育・遠隔医療

結局のところ、わたしはスタンフォードでも「考古学」をやっていたんだと思います。そこには「発掘品の破片を復元する技術」など、その時点では世間に知られていないテクノロジーが、あちこちに転がっていたのです。わたしは、中米で培った発掘精神をフルに発揮して（笑）、そういったテクノロジーをひとつひとつ拾い上げていきました。

わたしが考古学的な観点から注目した技術には、当時まだ誰も価値を見出していない、というものが多かった。そんな技術はガラクタだ、ゴミだと言われることもありました。たしかに見た目は冴えないかもしれない。でも、中身は「金」なのです。興味のない人からすれば「掘り出した破片を復元するテクノロジー」なんて「いったい何の役に立つんだ？」でしょう。でも、わたしにとっては「宝物」なんです。わたしにとって「価値あるもの」は、他の人にとっては「価値がない」と見なされることが多々ありました。逆に、たくさんの人に「値打ちがある」と思われているものに対して、わたしは、ほとんど興味を抱きませんでした。発掘してもヒビが入っていたり、汚い状態では価値がないと言われるかもしれませんが、しっかりと磨いて、美しい状態に戻してやると、途端に価値が生まれ、美術館に展示されるようになるのです。

２００５年には、バングラデシュでBRACNet（ブラックネット）という通信事業を立ち上げました。これは、バングラデシュの教育・医療をインターネットの力で改善しようという試みです。まわりの人たちからは「あんな国でビジネスなんて、うまくいくはずがない」と思われていました。もちろん、やろうと決めた段階で十分な勝算があったかといえば、そうではありません。いつでもそうなのですが、やろうと決めてから、どうすれば成功できるかを必死で考えるのです。

これまで何度か申し上げてきましたが、わたしは「教育を受けた、健康で豊かな中間層をつくる」という人生の目標を達成するために活動しています。なかでもわたしはアジアの国の一員として、まずはアジア諸国の抱える問題を解決したいのです。とりわけバングラデシュは、アジアでもっとも貧しい国です。２００５年にはひとり当たりの所得が1日1ドル以下でした。年収にして「4万円」にも満たない額です。なぜ貧しいかといえば、当時約1億4０００万の人口の約半数が「読み書きできなかった」から。教育が国民に行き届いていない、そのことが「貧困の連鎖」を招いているのです。では、7000万人が読み書きできるようになるためには、どうすればいいか。学校をつくろうとしても、難しい。どれだけの学校をつくればいいかもわからないし、仮に建物がつくれたとして、そこで教える先生をどうすればいいのか。圧倒的に数が足りないでしょう。仕方ないから外国から先生を呼んでこようか……なんてやってたら、一生かかっても達成できません。学校をつくり海外から先生を呼んで教育の機会をつくることは、もちろん尊い仕事です。でも、わたしには難しいと思いました。

そこで、最新のテクノロジーを駆使した遠隔教育で解決しようと考えたのです。そのためには、国中にくまなく張り巡らされた通信網が必要です。貧弱ではありましたが、バングラデシュにも通信網自体は存在していました。ただし、利用者がちゃんとお金を払ってくれる都市部にしか引かれていなかったのです。貧しい人たちの住む農村部には、通信網など皆無。事業の本質を考えるならば、貧しい農村部こそ、遠隔教育や遠隔医療の恩恵を受けなければなりません。しかし、お金にならない、貧しい農村部に通信網を引けば引くほど、ビジネス的には損失を増やしてしまう。そこで、首都をはじめとした都市部に高品質のネットワークを整備したのです。都市部の人たちは、既存の貧弱なネットワークに比べて何倍も高い使用料金を払ってくれました。そうやって都市部で稼いだお金で、お金の取れない農村部に通信網を整備するという事業モデルです。

事業は、貧しい地域に基盤を持つＮＧＯと協働して進めようと考えました。まず、バングラデシュには、世界的にも有名なムハマド・ユヌスさんのグラミン銀行がありますね。貧しい人たちに対して、無担保で少額のお金を貸しつける「マイクロクレジット」で知られています。ご存知のように、その功績が認められて、ユヌスさんはノーベル平和賞を受賞しました。わたしも親しくさせていただいていますが、ユヌスさんとは協働しませんでした。

わたしが代表を務める会社「デフタ・パートナーズ」は、バングラデシュにあるもうひとつのＮＧＯ「Bangladesh Rural Advancement Committee」略して「ＢＲＡＣ（ブラック）」と手を組んで、遠隔教育・遠隔医療の事業を進めることにしました。長く貧困層の自立を支援してきたバングラデシュ最大のＮＧＯで、無担保・少額融資のマイクロクレジットは、実は彼らＢＲＡＣがはじめたものです。農村に根を下ろし、貧しい人たちに対して農業教育をはじめさまざまなネットワークを構築してきた人たちです。世界的にはグラミン銀行のほうが有名なのですが、ユヌスさんのやり方では「拡大再生産」ができません。ユヌスさんの目指すところは、わたしの公益資本主義と多くの部分を共有していますが、バングラデシュに遠隔教育・遠隔医療の事業を広げていくにあたっては「利益を上げられないこと」は現実的でないと考えました。そこで、ユヌスさんとは友人として意見交換するにとどめ、ＢＲＡＣ創業者のファズレ・アベッドさんと協働することにしたのです。

ファズレ・アベッドさんは、公益資本主義の考え方に大いに賛同してくれました。マイクロファイナンス自体も、ユヌスさんより先行して、70年代から実施していました。彼らが育んできたネットワークを土台に、当時の最先端技術であるWiMAXを導入したのです。ハイスピードかつ途切れることのない通信回線に対して、都市部の銀行や企業は高い使用料を払ってくれました。そうやって上げた利益を、農村部の通信網整備費用として使う計画を立てたのです。

設立した合弁会社BRACNetでは、株式の「4割」をＢＲＡＣに保有してもらいました。彼らはＮＧＯで株主がいないため、配当する必要がない。これはつまり、会社の利益の40％をまるまる事業に使えるということです。こうしてBRACNetは、バングラデシュ全64県すべてにインターネットサービス網を構築することを目指すはじめての会社になりました。

ＢＲＡＣでは「イーハット（電子小屋）」と呼ぶ建物を、遠隔教育のための教室として使用しています。これを、バングラデシュ各地に設置しました。イーハットの効果的な使用法については、現地の人たちが率先してアイディアを出してくれています。利益だけを目的としているわけではないので、わたしは、その「場」を使う人たち、多くは現地の農民ですけれども、彼らが自らの生活の向上に資すると考えるのなら、何をやってもいいと思っています。だから、それはもう、好き勝手にやっていますよ（笑）。先ごろ、農業や漁業でとれた農作物や魚介類が、中央卸売市場でどれくらいの価格で売られているかを知らせる情報センターとしての機能も追加されました。これまで二束三文で買い叩いてきた仲買人も、これで、汚い商売はできなくなりました。そのことによって、わたしの会社には一銭の利益も入ってきませんが、社会全体をよくすることが会社の目的です。何度も言うように、わたしの目的は、世界中に「教育を受けた、健康で豊かな中間層をつくること」なのですから。わたしは、そのために本業でせっせとお金を稼いでいるのです。

当時の取締役の中には「せっかく都市部で儲けているのに、何でわざわざ農村部で損をしなきゃならないんだ？」と疑問を呈する人もいました。そんなことをせず1株あたりの利益を上げて、株価を上げたほうがいいんじゃないか、と。そのたびにわたしは、BRACNet の創業理念を説明しました。この会社は、テクノロジーの力を使って、世界中に「教育を受けた、健康で豊かな中間層をつくる」という使命の「バングラデシュ版」なんです、と。BRACNet では、現在でもその創業理念を忘れず、初志貫徹して事業に取り組んでいます。いまやバングラデシュを代表するインターネット通信事業者のひとつに成長しました。日本ではもちろん、ましてや世界的にも無名の会社ですが、バングラデシュの人ならみんな知っている会社になったのです。

先進国が途上国を支援する方法としては三つあります。ひとつは、ＯＤＡ（Official Development Assistance）。これは先進国が自国で集めた税金を活用して途上国を支援する方法です。アフリカやアジア、ラテンアメリカの道路・港湾施設がこれによって作られました。ふたつめが寄付による支援です。これは宗教団体等が行う支援方法ですが、寄付は長い間、続けることが難しい支援の方法です。みなさんも1回、2回の寄付ならば行えるかもしれませんが、なかなか長続きしないでしょう。そういう問題点を抱えていたので、「DEFTA＝BRACNet モデル」という新しい支援方法を考え出しました。これは、社会をよくするという目的のために営利事業を作り、事業を通じて上げた利益を使って支援する方法です。はじめての試みに対して、世界銀行は大きく取り上げ、このやり方を世界中の途上国に対する支援方法として紹介し、推進しました。その結果、２００5年当時ではたったひとつしかなかった「DEFTA＝BRACNet モデル」は、今では世界中に何万という例が生まれてきています。

## アフリカの栄養不良を解決するために

わたしがアフリカで取り組んできたスピルリナの事業についても、紹介させてください。スピルリナとは、約30億年前に誕生した藻の一種です。アフリカのチャド湖が起源だと言われています。タンパク源として非常に優れていて、１００グラムあたりのタンパク質は牛肉の場合19グラム程度、大豆で30グラム程度のところ、スピルリナにはじつに65グラムから70グラムのタンパク質が含まれているのです。さらには、必須アミノ酸もすべて入っています。栄養源として非常に効果的・効率的なのです。これをアフリカの栄養不良改善に活用しようというのが、スピルリナのプロジェクトです。外国からの援助をただ待つだけ、援助に頼りきりになるのではなく、アフリカを起源とするスピルリナで、アフリカの人々自身が、アフリカの栄養不良を改善する。実現すれば、何より理想的な問題の解決法になる。

援助というものは、結局「あげっぱなし」になりがちなんです。一時的には効果があるかもしれませんが、中長期的に見れば、現地が自立したり、状況を改善させる力にはなりにくい。そうではなく、自分たち自身で問題を解決できるような枠組みをつくることが重要です。問題の根本的な改善につながりますし、自分たち自身に誇りや自尊心を持てるようにもなるでしょう。本当の意味でのアフリカの発展は、誇りや自尊心、それに基づく自立心がなければ、おぼつかない。逆に、誇りや自尊心、自立心を持つことができれば、少しずつでも、経済的な成長や政治的な独立を成し遂げていけると思うのです。

スピルリナのプロジェクトでは、ＪＩＣＡ（国際協力機構）にも力を貸していただきました。ＪＩＣＡとわれわれアライアンス・フォーラム財団の共同事業です。アフリカ54カ国のなかで最大の自由貿易連合は「Common Market for Eastern and Southern Africa（東南部アフリカ市場共同体）」通称「ＣＯＭＥＳＡ（コメッサ）」といいますが、ヘッドクォーター（本部）はザンビアの首都ルサカにあります。そこで、スピルリナによる栄養改善プロジェクトも、ザンビアから開始させました。

日本の製造業の現場では1％でも不良品を出すと怒られてしまいますよね。よく「テンナイン（99・9999999％）」といいますが、小数点の後ろに0が7個つく……つまり「0・0000001％」しか不良品が出ないことを要求するのが、日本の製造業です。そのこと自体はすばらしいのですが、そんな厳しい基準を世界中の国に当てはめても、うまくはいかないでしょう。

案の定ザンビアでスピルリナ事業をはじめたら、不良品が3割くらいできてしまったのです。でも、そこで目を三角にしながら「30％を20％に、さらに10％に、5％に不良品率を下げるように」……なんて大声を張り上げても、ダメ。アフリカの人たちのペースに合わないし、アフリカを日本化するようなことにもなってしまう。何かを押し付けたって、まあ、たいていはうまくいかないものです。ただ、「30％の不良品」

が単なる無駄になってしまうのでは、もったいない。そこでわたしたちは不良品率を減らすのではなく、まず「不良品率3割」を「よし」としながら、その3割の不良品をニワトリやブタの飼料として活用することにしました。アフリカでは、人間だけでなく、家畜も栄養不良で痩せているんです。ニワトリの卵も、栄養不足で黄身が白っぽかったり。ところが、良品の基準からはじかれたスピルリナをニワトリにエサとして与えると、じつにみごとな赤黄色の黄身の卵を産んでくれるんです。そして、何より高い値段で売ることができるので貧しい村を豊かにすることができます。WFP（国連世界食糧計画）に対しても、ザンビアの主食「シマ（トウモロコシを乾燥させて粉末にして練ったもの）」にスピルリナを混ぜたらどうかなど、さまざまな提案をしています。甘い飲料に混ぜても、よさそうですね。おいしいといって飲むうちに、子どもたちもタンパク質を補給できてしまう。

アフリカにおける栄養不良の改善は、なかなかに大きな問題です。達成までには、まだまだ時間がかかるでしょう。でも、すでに現地のアフリカの人たちが主体となってプロジェクトを進めてくれています。いまはザンビアからアフリカ中に広めようと頑張っているところ。まずは当時COMESAに加盟していた19カ国、すなわちザンビアの隣のジンバブエ、エスワティニ（旧スワジランド）、ケニア、ルワンダ、ウガンダ……などの国々で、少しずつ、準備をはじめているところです。

アフリカ原産のスピルリナは、水中で育つ藻の一種です。成長するために必要なのは太陽の光と温度、そしてアルカリ性の水。それだけです。スピルリナは、二酸化炭素を吸収して光合成を行い、タンパク質を生成する。33度くらいの水温と適切なｐＨ値があれば、たった2週間で収穫することができる。お米は普通年に1回、頑張って二毛作や三毛作をやっても最大で3回しか収穫できません。スピルリナは、年間で最大26回も収穫できる。非常に生産効率がいい。収穫したスピルリナは干して乾かして粉にして、いろんな料理に混ぜることができます。日本でも徐々に浸透してきていて、２００９年頃に、明治記念館のフランス料理に使われたのを皮切りにさまざまなところでスピルリナが使われています。

スピルリナをアフリカで再び普及させるのにはたいへんな苦労がありました。元々、アフリカ諸国が植民地になる前には、栄養源として使われていたのですが、欧州諸国が植民地化したのち、人工的なタンパク質が持ち込まれて、自然にアフリカ原産のスピルリナは淘汰されていきました。長い間、スピルリナが自分たちの栄養源であったにもかかわらず、アフリカの人たちはそのことを忘れていました。そこで、我々アライアンス・フォーラム財団は、アフリカの人たちが、自分たちの国土でタンパク源を作ることができるのを思い出してもらい、すっかり忘れたスピルリナの栽培方法を改めて学んでもらうことから始めました。当時、国連で生物多様性条約やそれに付随する諸々が議論されるようになり、原産地以外の植物を持ち込むことは制限されるようになりました。たとえば、当時、ザンビアにはすでにスピルリナがなかったため、マダガスカルにある藻の赤ちゃんをもってくるのが現実的だということになったのですが、それを輸入することが難しくなりました。また、「スピルリナは栄養不良に効く」というと、ザンビアの厚生省から「スピルリナは食品ではなく薬品である」と分類される可能性があり、一旦、薬品に分類されると、安全性と有効性の試験が必要となり、膨大な時間がかかってしまう、なんとか食品の分類にする必要があります、と言われました。我々は、国連と駐ザンビア日本大使と協議をした上で、「スピルリナは食品である」という分類に決定してもらうためにかなりの時間と労力を使いました。

バングラデシュに「教育を受けた、健康で豊かな中間層」ができない理由は「教育」だったわけですが、アフリカでは「教育」以前の問題、つまり「栄養不良」の問題を解決しなければなりません。2060年代には、全世界の人口が100億人を突破すると言われていますが、そのうちの40億人から45億人がアフリカの人々になるという予測があります。そして、このままでは、そのうちの9割以上が貧困層になってしまうと言われています。貧困層に生まれた子どもたちの4割が栄養不良に陥るという試算もある。2歳までに（遅くとも5歳までに）栄養不良が改善できなければ脳の発達に支障を来たし、結果、大人になっても単純労働に従事するしかない。そうやって、貧困がさらに深刻化してしまう。そういう悪循環から抜け出すことができなくなってしまうのです。将来40億人、45億人にまで達するアフリカの人々の9割が貧困化し、難民化してしまうような事態に陥ったら、全世界にアフリカの難民が押し寄せることになり、日本も他人事ではなくなります。アフリカの人々の栄養不良問題を解決することは、地球全体にとって切実な問題なのです。

## 見えない階段を1段ずつ登っていく

なぜ、縁もゆかりもないアフリカの栄養不良改善問題に取り組んでいるのかと、よく聞かれます。それはやはり、何度でも言いますが、世界中に「教育を受けた、健康で豊かな中間層をつくりたい」、その一心です。すべての活動は、その目標へと通じています。

バングラデシュでは、そのための教育が足りていない、だから遠隔教育に取り組んでいます。アフリカではそもそも栄養が足りていない、だからスピルリナの事業をはじめました。2010年からは、アフリカでも遠隔教育の事業をスタートしています。

以前、ザンビアのルピア・バンダ大統領の特別顧問をつとめていたことがあります。

そのとき、大統領とともにザンビアの公益資本主義化に取り組みました。具体的には「遠隔教育と遠隔医療の実施」や「貧困層が中間層になるための金融制度の提案と法改正」などです。大統領が、公益資本主義的な社会を実現するという目標に賛同してくれたのです。

ザンビアの銀行法は、それまで、旧宗主国であるイギリスにとって都合のいいように、イギリスの銀行法に基づいてつくられていました。英国支配層の利益ばかりを代弁し、貧しい人を貧しい状態のままに放置し続けるような法律だったのです。

具体的には、いわゆる「担保主義」ですね。わたしたち日本人は親から譲り受けた土地や財産を担保に銀行からお金を借りて会社を設立したりできますが、貧しいアフリカの人にはそういう機会がない。土地を持っていないからです。才能ややる気があっても、元手となる資金を借りることができません。競争のスタートラインにも立てない状況が、長く続いていたのです。

そこで、バングラデシュの「無担保による小口融資」のマイクロクレジットの手法をアフリカでも実現すべく、大統領の依頼でザンビア政府のムソコトワネ財務大臣や、中央銀行総裁の協力を得て制度設計をしました。アフリカにも、マイクロファイナンスに似た仕組みがなくはなかったのですが、それは、現地で力を持つイギリス系銀行の業務をおびやかさない限りにおいて、無免許で「おめこぼし」されていただけだったのです。黙認されていたとはいえ、準拠法のない状態では、いざというときの立場が弱い。どれだけ人々の役に立っていても、法的に守られていなければ、成長にも限界があります。そこでCOMESA19カ国の中央銀行総裁と財務大臣に、話を持ちかけました。貧しい人たちに対して、担保がなくとも資金を供給できる金融制度改革をやりませんか……と。これは2010年に提言し、2016年に英語、フランス語、アラビア語でガイドラインを発表しました。これを機に、貧困層が中間層へと移行するための制度が、アフリカ19カ国で誕生しはじめたのです。

どこでも同じなのですが、わたしがやってきたことは「現地の自立を支援することと」なんです。バングラデシュもアフリカも、本気で事業に取り組もうと思ったら、じつに大変です。本気で、しんどい。でもわたしは、彼らの置かれた状況を改善したいと思っています。わたし自身、ずいぶん年を取ってしまいましたから、いまはバングラデシュやアフリカの若い世代にプロジェクトを託し、彼らを中心に動いてもらっています。

教育を受けた、健康で豊かな中間層をつくりたい。その夢のうしろには、この本の冒頭で述べたように「日本を、世界から尊敬される国にしたい」という気持ちがあります。遠隔教育・遠隔医療や栄養改善の事業に取り組んでいると、現地の人々から「日本って、すごい国なんだね」と思ってもらえるでしょう。学生をはじめ、現地へ連れて行く日本の若者たちも一生懸命に働くので、現地の人々からとても感謝されています。わたし自身も、志を持った若い日本人がプロジェクトに参加してくれることは、とてもうれしい。ひとつひとつはちいさな歩みですが、その歩みの積み重ねで、この日本という国を、世界中から尊敬される、あこがれの国にしたいのです。そう思って、いまも、活動しています。

貧困にあえぎ、生きる気力も失ってしまった人々が、徐々に健康を回復し、少しずつでも豊かになり、将来への希望を手にしていく。その姿を見ることが、わたしの最上のよろこびなのです。みなさんにも、ぜひそんな経験をしてほしい。一度、そういう経験をすれば、どれだけ嬉しいことかわかってもらえると思います。貧困を脱し、みんなで豊かになることができたら、資源の奪い合いなどの紛争も減るでしょう。豊かな中間層をつくるということは、平和を実現する現実的な方法として、具体的に有効な手立てだと思います。だから「原さんのやっていることは人道的ですね、えらいですね」なんて言われることもあるんですが、わたしは「人道的」なんてこれっぽっちも思っていない。わたしは「好きなことをやっているだけ」なんです。かつての祖父や、父母のように。

「目に見えない階段」の話を、若い人たちに、よく聞かせます。アフリカ19カ国の法律を変えるなんて、わたしにとっても、とうてい現実的でない、雲をつかみにいくような目標だったんです。現実のわたしは、地べたに立って、あんな高いところにまで手をのばすのは無理だと見上げていました。

でも、そういうとき、わたしは、自分の前に「目に見えない階段」をつくるんですね。最初の1段目には、絶対に登れます。誰だって、登ることができます。1段目に登れたのなら、2段目にも登れる。2段目に登れたら、3段目にも。そうやって、見えない階段を1段1段、登っていくんです。歩みは遅いかもしれません。でも、昨日よりは今日、今日よりは明日、ほんの1段ずつですが、着実に前の日より高いところへ立つことができる。わたしには、同時並行で進めているプロジェクトがたくさんあるから、そういう見えない階段が20個くらいあるんだけど（笑）、でも、日々それらを1段ずつ登っていくんです。そうすれば、いつか、はるか遠くに見上げた場所へも、たどりつくことができると信じているのです。

# 第８章

## ルールやシステムは、もっとよくできる。
### いい子で従ってるだけじゃ何も変わらない

## 格差社会の原因となる株主資本主義

わたしが、のちに「公益資本主義」と名付ける考えを発表したとき、誰にも相手にされませんでした。2000年のことです。反対派の急先鋒が、新自由主義経済を標榜するミルトン・フリードマン博士。ノーベル経済学賞を受賞した著名な経済学者で、当時のビジネス界は彼の考え方一色に染められていました。

2003年くらいから、わたしは「会社は株主のものだという考え方を改めなければ、アメリカでも、数々のすばらしい企業が倒産してしまう可能性がある」という主張をメディアで発信しはじめます。その後、わたしたちの財団（アライアンス・フォーラム財団）に公益資本主義研究部門を創設し、研究を重ね、わたしが理事をしていた東京財団との共同研究も開始します。そして2008年、正式に「公益資本主義」という言葉をつくったのです。

なお、東京財団へは、当時、東京大学経済学部教授を務めていた岩井克人さんを上席研究員として迎えています。２００３年に中央公論新社からの依頼で岩井さんと対談したのですが、そのときわたしが読売新聞に書いた「企業は誰のものなのか」という論考をお見せしたところ、いたく関心を持ってくださったのです。そして、その後２００５年に、岩井さんが出版なさったのが『会社はだれのものか』という本でした。そのような関係もあったので、岩井さんを東京財団の上席研究員としてお迎えしたのです。

それではここから、わたしたちの「公益資本主義」について少し詳しくお話ししましょう。公益資本主義の考え方を大まかに説明すると「会社とは、事業を通じて社会に貢献するものであり、その結果として株主にも利益をもたらす」ということです。すなわち「株主」のみならず「従業員、その家族、顧客、取引先、地域社会、地球」というすべての「社中」に分配が行きわたることで、社会全体の価値を上げていくことが、企業の存在意義なのです。

株主資本主義のもとでは、一般的に企業の価値（＝時価総額）は「ＲＯＥ（自己資本利益率）」という財務指標によって評価されています。これは「どれくらいの資本金を使って、どれくらいの利益を上げたか」を割り出す指標です。会社の資産が少なければ少ないほど「ＲＯＥ」は「上がる」のですが、そのため、株主資本主義のもとでは「内部留保（会社の中のお金）は株主配当として吐き出す」方向へ、「お金と時間のかかる中長期の研究開発はやらない」方向へ、「正規の従業員は非正規雇用に置き換える」方向へと、力学が働きます。そのほうが手っ取り早く「ＲＯＥ」を上げられる、つまり「株価を上げられる」からです。

もちろん、「ＲＯＥ」が高くても従業員を大切にする企業も存在します。企業の業績が上がれば「高くなる」のが「ＲＯＥ」ですから。しかし、業績も振るわないのに株価を上げようと、つまり「ＲＯＥ」を高めようとばかりすれば、どうなるか。中長期の研究開発はゆるされず、非正規雇用の従業員ばかりになってしまうでしょう。業績の上がった結果として「ＲＯＥも上がる」のであれば、問題ないのです。「ＲＯＥ」を金科玉条と考え、その値を上げることだけを至上命題にしてしまうと、間違ってしまう。そこで、わたしたちの公益資本主義では、「ＲＯＥ」に代わる新たな指標・企業価値の基準を創造しようと試みています。

ひとつの例を挙げましょう。１９６４年の開業以来、脱線・衝突等による死亡事故を一度も起こしていない東海道新幹線では、新幹線の車両を法定耐用年数通りに交換しているそうです。２０２２年にお亡くなりになった葛西敬之《かさいよしゆき》ＪＲ東海会長にうかがったのですが、葛西会長がまだ社長だったころ、この事実を知った海外のファンド株主から「耐用年数以上に車両を使用するのは、業界の常識だ。あなたの会社でも、そうすれば、もっと株主へのリターンを増やせるでしょう」と詰め寄られたそうです。

もう少し言葉を足しましょう。鉄道会社では、車両の耐用年数が10年であっても、実際には整備をしながら30年、40年と使用するのが普通です。その場合、10年で減価償却を終えたあとも車両を使い続ければ、11年目からは、さらなる利益を上げることができます。株主としては、そうしてもらったほうが「配当」が増えます。しかし葛西さんは、耐用年数ぴったりで新幹線車両を廃車にし、新たな車両を入れてしまう。株主にしてみれば「どうして新幹線だけは、整備して使い続けないんだ?」と思うわけです。

葛西さんの説明は、こうでした。新幹線以外の車両であればスピードも速くないし、きちんと整備すれば30年や40年、使うことができる。しかしながら新幹線は非常に高速で長距離を走行するため、一般車両に比べて「いたみ」が激しい、と。また、日々車両整備に携わる社員からも「耐用年数に達したら、新車両へ切り替えることが安全のために必要である」という意見が上がってきている、と。そして「わたしは彼らの意見を尊重したい。耐用年数以上に使えば儲かるのはわかっているが、現場の社員の声を無視し、お客さまを危険に晒すことはできないのです」と、おっしゃったのです。

さらに「我が社が営んでいる鉄道事業とは、乗客の安全性を確保してはじめて成り立つ。車両を法定耐用年数で交換しているのは、乗客の安全のためだ。自分たち株主の利益を優先し、乗客の安全性をないがしろにしろと言うのならば、株主を続けていただく必要はない」と答えたそうです。「株主の利益を最大化することが社長のつとめだとあなたがたはいう。わたしは、そうは思わない。車両が安全だから、お客さまが乗ってくださる。その安全を守っているのは、我が社の社員だ。決してあなたがた株主ではない。わたしたちの経営方針に同意できないならば、明日にでも我が社の株を売り払ってくれて結構です」と、きっぱり、おっしゃったそうなのです。

カッコいいですね、本当に。わたしは、乗客の安全を顧みず株主にばかりお金を渡す会社の株価より、ＪＲ東海のような会社の株価のほうが高くなるべきだと、当然のこととして思います。だからこそ「ＲＯＥ」で株価を決めるのではなく、社中全体への貢献度で株価を決められるよう理論的根拠を固めていこうとしているのです。

## なぜ短期主義がいけないのか

しかし、現在の株主資本主義に覆われた世界では、まさしく正反対のことが起こっています。ある人が起業し、10年で１００億円のリターンを出したとします。株主からも「よくやった」と言ってほめられるでしょう。でも、必ず「次は、もっと短期間で成果を出してくれ」と言われるに決まっています。短期で利益をあげようとする株主資本主義経済のもとでは、誰しも「Internal Rate of Return」つまり「内部収益率（ＩＲＲ）」という指標に囚われてしまうからです。

仮に10年かけて５０００万円の元手を2億円にする場合、内部収益率は15％です。5年で2億円にした場合は32％になります。同じことをヘッジファンドが1年で達成すれば、内部収益率は３００％になります。ファンドの業績はこれら内部収益率で評価され、そこで働くファンドマネジャーについても、高い内部収益率を達成した人の給料やボーナスが高くなるよう設計されています。結果として、経営陣の思考は「短期主義」になっていくのです。

そのような急成長は、短期的には株価を上げるかもしれません。でも、その代わり、より大切なものを失ってしまいます。それは、つまり「地道に研究開発を続け、信頼性の高い商品を開発し、製造し、販売する」というビジネスの本来のプロセスです。将来の社会の礎となる経済活動です。そんな大切な営みを、誰も見向きもしなくなるのです。

独自技術の「炭素繊維」で、アメリカのボーイング社との間に1兆円もの大型契約を結んだ東レという会社があります。鉄の4分の1以下の重さしかないのに強度は10倍以上という炭素繊維は、航空機にうってつけの素材なのです。東レでは、この炭素繊維をじつに40年以上の歳月と莫大なお金をかけて開発し、世界から大きな尊敬を集めています。株主資本主義下では、これほど時間とお金のかかるプロジェクトには、誰も投資しなくなります。つまり内部収益率で企業価値を判断する場合には、どうしどうしても「短期主義」に陥っていくのです。

東レの炭素繊維については、こんなエピソードがあります。わたしがアメリカ共和党アドバイザリーボードの名誉共同議長を務めていたとき、デュポンという大会社の社長に「東レの社長を紹介してくれないか」と頼まれたのです。「東レの炭素繊維について聞きたいんだ」と。彼は「デュポンでは炭素繊維に手を出すことはできないから」と言うんですね。理由は簡単で「開発のための時間がかかりすぎて、株主に説明できない」と。「アメリカでは、数年で利益を出せて、株価のプラスに働くもの以外は、もう研究することができない。それなのに東レは、何十年も赤字の状態で研究開発をし続けている。どうすれば、そんなことができるのか。そのことについて聞きたいんだ」と。そこで「あなたの会社では、どれくらいの研究開発費を持っているんですか」と聞きました。すると「1兆円以上だ」と。大金です。東レの研究開発費なんかより、遥かに巨大な額です。どうしてそこから捻出できないのかと聞くと「何十年も赤字を出すような研究をやりたいと言えば、わたしは確実に、株主総会でクビになるだろう」と言っていました。

事実、この人は、中長期的思考を持っていたゆえにＣＥＯの座から降ろされてしまいました。彼に任せていたら、中長期的な研究にお金を使われてしまうと、短期主義の株主たちにみなされてしまったのです。

何度も繰り返しますが、短期主義の道を行けば、最初に切られるのは研究開発費です。研究開発を「3年以内にやれ」と言われたら「製造」にまでは、とても届かない。1年や半年以内に成果を上げろと言われたら、もう実体経済では無理でしょう。達成できるとすれば「投機的な金融」だけ。それは、たった1週間、いや1日……どころかほんの「1秒」で莫大なお金を儲けたり、巨額の損失を被ったりするゲームです。投機は、必ずバブルを生む。そして、バブルは必ず崩壊する。そして、投機的金融のバブルが破綻したとき、何が起こるか。中間層の保有する富が、最上位の富裕層に吸い上げられてしまうのです。結果、中間層は没落し貧困層となってしまう。これが格差が広がる原因です。

これは「ゼロサムゲーム」なのです。ひとり1万円ずつ持っている「中間層」が100人いて、みんなで「じゃんけんゲーム」をするとしましょう。勝てば、相手の持っているお金をそっくりもらえます。最後までゲームを続ければ、たったひとりの優勝者が100万円を手にし、残りの99人は無一文となってしまう。つまり弱肉強食のゲームが繰り返されると、一握りの人間だけが超富裕層となり、残りの大勢は中間層から貧困層へと転落してしまうのです。

アメリカで言われる「Winner takes all（ウィナー・テイクス・オール＝勝者総取り）」とはこのことです。「富の格差」は、このようにして開いていく。さらにいえば、ゲームの前も後も全体のお金の総額は１００万円で変わらず、新しい価値を1円も生んでいません。付加価値をまったく生み出すことのない、じつに虚しいゲームだと思いませんか。

## 大銀行家との議論

世界銀行の総裁やバンク・オブ・アメリカの会長を務めたアルデン・ウィンシップ・クローセンという大銀行家に「あなたの公益資本主義とかいう考えは、結局は共産主義や社会主義と同じではないか」と言われたことがあります。わたしは、「決してそうではない。共産主義や社会主義では私有財産を認めない。これだけでもぜんぜん違う」と反論しました。さらに、公益資本主義では「会社は社会の公器である」と考えているからだと説いたのですが、わかってもらえませんでした。そこには「失われた20年」と言われて久しい日本から来た人間の言うことなんてという態度が、ありありと見えていました。

ただ、そうは言ってみたものの、彼もどこか興味を惹かれたようなんです。次に会ったとき「あなたの公益資本主義を突き詰めていった先には、いったい何があるんだ?」と聞いてきたのです。そこでわたしは、いま述べた「ゼロサムゲーム」について、順を追って説明しました。中間層没落、富の格差の拡大のシナリオについては、のちに証明されることになりました。2008年にサブプライムローン問題に端を発するリーマン・ショックが起こりましたから。株主資本主義に基づく短期主義的なお金への欲望が、多くの企業を倒産の憂き目に遭わせ、たくさんの人々を路頭に迷わせたのです。

ともあれ「クローセンさん、株主資本主義は格差社会を必ず作る。中間層が没落して貧困層になると民主主義を支える中間層がいなくなる。これでは米国が民主主義の国ではなくなりますよ。あなたは、そんな社会でいいんですか?」と聞きました。アメリカ財界の重鎮が、わたしのような日本の若造に言いこめられて、さぞかし悔しかったんでしょう。彼は、二重否定・三重否定のように複雑極まる英語の言い回しや難単語を使って、わたしを言い負かそうとしてきたのです。日本語に訳したって何を言ってるのかわからないような言い方で、わたしを煙に巻き、論破しようとしてきたんです。

だから「わたしの母国語は日本語であるにもかかわらず、あなたの国を心配して、あなたの国の言葉で一生懸命に説明してきた。でも、あなたがこれ以上わけのわからない英単語や二重三重の否定表現を使ってやりこめようとするなら、わたしは母国語の日本語で反論させていただきます。ただちに、ここへ通訳を呼んでください」と言ったのです。わたしがスタンフォードでバイオケミストリーを学んだノーベル生理学・医学賞受賞者のアーサー・コーンバーグ先生は、誰よりも頭の切れる人で、中学校で習うくらいの平易な単語しか使わずに、難しい概念をやさしく説明してくださいました。そのことを引き合いに出し、あなたも同じように頭がいいんでしょうから、ぜひ、コーンバーグ先生と同じように、わかりやすい英語で話してくれないか、と。彼も、外国人にそんなことを言われたことなどなかったと思いますが、頭のいい人だから「それもそうだ」と納得したんでしょうね。それから彼は、つとめて平易な英語でしゃべってくれるようになりました（笑）。

こういうとき、日本人はすぐに謝ってしまいますよね。申しわけありません、わたしの英語がつたなくて……なんて。簡単に引き下がってしまうから、欧米人にバカにされるんです。相手が誰であろうと、あくまで対等な気持ちで、堂々と自分の意見をハッキリ言うこと。その態度が、最終的には、相手からの信用を勝ち取る鍵にもなるのだと思います。

話がすっかり逸れてしまいました。株主資本主義がはらむ矛盾については、次のような事実に端的にあらわれていると思います。

アメリカン航空が経営不振に陥り、当時のレートで総額「340億円」もの従業員給与を削減したことがあります。実行しなければ会社が危ういという理由で。そう言われてしまったら仕方ない、つぶれるよりマシですから、従業員は給与削減を受け入れました。数カ月後、経営陣はストックオプションの権利を行使して「200億円」の利益を得ました。倒産寸前の経営を立て直した……という理由で。こんなでたらめを正当化するロジックが「会社は株主のもの」だと主張する「株主資本主義」なのです。総額「340億円」もの固定費つまり従業員の給与をバッサリ切った。結果、会社の財政的負担が減って株価が上がり、企業価値が上がった。よって、そんな英断を下したCEOはじめ経営陣は「200億円」もの利益を得る。ロジックとしては間違っていないかもしれないが、理念的にも、倫理的にも、哲学的にも、わたしには承服できない。まったく間違っていると思います。

株主の利益を上げるために、もっとも手っ取り早いのは「従業員の給料を減らす」ことや「研究開発費や設備投資を抑える」ことです。そうすれば「現在の株主利益」は増える一方、より重要な「会社の将来」が犠牲となってしまいます。短期的には利益が上がって株主はよろこび、中長期的には、会社がどんどんダメになっていく。株主資本主義の考えのもとでは、そうした破滅の力学がつねに働くのです。

ファンドをやっている人たちの多くは、瞬間的に株価をつり上げて配当を増やしてくれさえすれば、それでいい。会社の未来、10年後の姿なんて、どうだっていいと考えているのかもしれません。自分たちが売り抜けることさえできれば、知らん顔。あとは野となれ山となれ、なのです。たとえ、その会社の発展に貢献してきた従業員やその家族、取引先などが犠牲になったとしても、です。

さすがにアメリカの経済界も、いきすぎた株主偏重の風潮を危ぶんだのか、2019年くらいから「従業員も大事にしましょう」と言うようにはなりました。しかし、そのロジックは、またしても「株主の利益を最大化するために」なのです。株主の利益を最大化するため、そのために「従業員も大事にしよう、取引先も大事にしよう、お客さんも大事にしよう」と言っているに過ぎない。決して従業員が大事とは言っていないのです。社会通念上「株主利益を徹底的に追求するべきだ」と声高に主張する人は、さすがに減ってきました。しかしながら、株主資本主義の考え方をあらためない限り、世界を分断する「富の格差」の問題は、永遠に解決されることはないでしょう。

## まじめに働く人が報われる社会に

わたしはこれまで、さまざまな企業の立ち上げや経営に関わってきました。スタート時点では小さくても、のちのち1万人を超えるような大企業に成長した会社がいくつもあります。ただ、自分自身の会社（デフタ・パートナーズ）は、つねに従業員を30名くらいに抑えています。それ以上に大きくなると、どうしても、個々の従業員と話をする時間が減ってしまうからです。企業経営において「コミュニケーション」は何より大切です。コロナ禍の際に、そのことを痛感した企業も多いのではないでしょうか。相手の目をじかに見て話すこと、現場の空気を肌身で感じること。そこには「情報」がたっぷり詰まっているのです。

わたしが、いつも従業員に言っていることがあります。それは「Be kind」ということ。まわりの仲間に親切にしてください、ということです。そして「Be good」。こちらは「いい人間であってほしい」ということです。従業員は「会社を大もうけさせてやろう」だなんて、そんなには考えなくてもいいんです。まずは自分の専門性や能力を十分に発揮し、仲間とうまくコミュニケーションをとりながら、ぜひ「よい製品、長く愛される商品」をつくってほしい。お客さんに「よろこんでもらえるサービス」を提供してほしい。目の前の仕事を通じて、世の中の人々に貢献してほしい。わたしが従業員に望むのは、それだけです。

会社は、まじめに働く従業員にとって「楽しい場所」でなければなりません。自分のことを親身に思ってくれる人がたくさんいる場所だと思えば、自然と仕事も楽しく、職場の雰囲気も明るくなるものです。そういう会社を、どんどん増やしていきたい。わたしは「まじめに働く人たちが報われる」という、ごく当たり前の社会を実現したいのです。

「報われたなあ」と感じる瞬間は、人によってさまざまでしょうが、ひとつには「何かをやり遂げた」と実感できたときだと思います。わたし自身の経験でも、光ファイバーのディスプレイの会社をつくったときは、たとえ自分の給料が0円でも、毎日毎日、大きな充実感がありました。はじめてディズニーにディスプレイが売れたときは、これ以上ないほどうれしかった。ああいう達成感、充実感。そこにお金、報酬がともなってくれれば、よりよいですね。ただ、そういう達成感や充実感は、人から与えられるものではありません。多くの場合「自分で見つけるしかない、つかみ取るしかない」ものなのです。

いま、働く理由はさまざまです。少し時間に余裕ができたからという人、子どもが生まれたのでもっと収入を増やしたいという人。事情はさまざま、人それぞれなんだから働く意義や仕事のやりがい、充実感・達成感を持ちなさいだなんて、軽々しくは言えません。だからわたしは、最低限「親切であってほしい」「いい人間であってほしい」とだけ、お願いするようにしているのです。

すでに申し上げましたが、2005年当時バングラデシュでは、人口約1億4000万人のうち半数の約7000万の人が「字が読めない、書けない」状況だったのです。そうすると、従業員の家族や親戚、近所の人の中に、ひとりやふたりは必ず「字の読めない、書けない人」が混じってくる。ということは、BRACNetで働く人は、自分の勤務する会社の遠隔教育によって、身のまわりの「読めない、書けない」家族や友人に貢献することができるのです。そのことを、とても誇りに思ってくれるのです。こちらから頼まなくたって、進んで充実感や達成感を感じてくれるのです。

一時期、BRACNetも新型コロナの猛威に見舞われました。バングラデシュ全体で見ても、ピーク時に「ふたりにひとり」が感染しているほどの地域もあったのです。そこでBRACNetでは、病気が完治して職場復帰できるようになるまで、解雇しないのはもちろんのこと、休んでいる間の給与も支払うことにしました。一方で、解雇したり、給与の支払いを止めたりする企業もあるでしょう。働くことができない、生産性の低い従業員を解雇することは、会社の経営にとっては「プラス」だとされていますから。少なくともアメリカでは常識です。

でも、BRACNetでは、そうしませんでした。クビにしないだけでなく、休職中の給料も出したのです。結果、従業員たちは、会社のことを、いっそう信用してくれるようになりました。コロナになってしまった本人は、病気を治して復帰してくると、以前より一生懸命に働いてくれるようになりました。一時的に働けなくなった人をクビにして短期的に人件費を抑えるのではなく、長期的な視野に立って、従業員を大切にし、結果的に仕事への意欲を高めてもらうほうが、会社にとってはよっぽどプラスになるのです。そして、これらの施策はすべて、公益資本主義の考え方に基づいているのです。

## ルールの変更で日本人の給料を上げる

第2次世界大戦以降の日本は、政治的にも経済的にも、アメリカのルールのもとにありました。その枠組の中で、昭和の高度成長やバブル経済、その後の「失われた30年」を経験してきたのです。90年代以降、日本政府、日本の国会議員たちは何をしてきたか。わたしには、わざわざ日本を貧しくするような政策ばかりをやってきたとしか思えません。

財務省の法人企業統計調査にある280万社の従業員名目賃金の平均額を見ると、1992年で「371万円」でした。約30年後の2019年は「370万円」です。ほぼ変わらない、厳密には1万円下がっています。その意味で「失われた30年」なわけですが、この間、中国の都市部の平均給与は「33倍」になっています。ここからも、現在の日本が、先進国と呼ばれる国の中でも低い給与水準に甘んじていることがわかります。少し前にも、平均給与で、お隣の韓国に抜かれたことが大きく報道されていました。

厚生労働省の名目賃金、実質賃金の統計によると、2020年を100とした場合、2023年12月時点で、名目賃金は3%強、上がっていますが、実質賃金は3%近く下がっています。さらに、消費者物価指数は6・6%上がっています。つまり、給料の上がり方よりも生活に必要な食料や燃料などの物価の上昇率が大きいため、国民は貧しくなっているのです。

わたしは、さまざまな条件付きではありますが、この低い日本の平均給与を「倍」にすることは「不可能ではない」と思っています。もっと言えば「分配のルール」を変えることができさえすれば、可能性は十分にあるでしょう。そして、これからの日本を経済的・精神的に豊かに発展させていくためには、その「分配のルール」こそ変えていかなければならないと思っています。

ただ、従業員の給料を倍にするといっても、前提として「儲かっている会社」でなければなりません。これは、まあ、当たり前ですよね。お金を稼げていないのに、従業員の給料を倍にすることはできません。しかし、会社の業績が好調で利益を上げているなら「分配のルール」を変えることで、従業員の給料を大幅に上げることはできるのです。

では、その「分配のルール」とは何か。例を挙げましょう。たとえば、通信大手3社のうちの1社を例にとると、2019年から過去5年間に全従業員に支払った給料の合計額は「3300億円」あまり。それに対して、配当など株主に対する還元の総額は「3兆4000億円」にも上るのです。つまり、全従業員に払っている給料総額の10倍ものお金を、株主に払っているのです。

わたしは、この比率は、明らかに偏っていると思う。株主への還元に払っているお金の1割でも従業員の給料に回すだけで、全従業員に支払う給料を倍にすることができるのです。株主還元に充てているお金の「さらに1割」を通信料金に充てれば、毎月の使用料金を抑え、顧客サービスの向上につなげることもできる。しかし現状は、従業員の給料と顧客サービスをそこそこにとどめ、ごく一部の株主に高い配当を支払うような制度設計がなされています。この「分配のルール」を変えていく必要があるのです。

所得と株の話では、もうひとつ、自動車総連のケースを挙げておきましょう。自動車総連に加盟している12の労連のうち、連結決算を公表している9社には60万人からの組合員がいます。自動車業界は、いま日本でいちばん好調な業界ですが、そこで働く人たちの平均給与は2019年統計で「約784万円」です。そして、9社の株主に対する1株当たりの平均の配当金は「91円」なんですが、これを「76円」にわずか15円下げるだけで、60万の全従業員の給与を倍にできるという試算があります。これは、わたしたちアライアンス・フォーラム財団の公益資本主義研究部門で早稲田大学商学部教授のスズキ・トモ先生が計算した結果です。さらに言えば、役員や取締役などの重役に支払われる報酬も平均6000万円から約1億円に上がります。自分の会社で一生懸命にはたらいて出世したら、1億円くらいの収入がもらえるんだと思えば、従業員のやる気もいっそう高まるでしょう。やる気の高まりは、新たな価値を生むエンジンになります。そして、従業員の給与と取締役の報酬が上がるということは、所得税が増える、つまり国にとっては「税収が増える」ということ。減るのは株主に対する配当金ですが、それだって半分になってしまうわけではない。わずかに減るだけなのです。そういう選択をしたほうが、社会にとって有益なのではないかと、わたしは思うのです。

もちろん、株主の大多数からは反発されるでしょう。とくに、海外の株主から。自動車メーカーには、外国人の持株比率が6割を超えている会社もあります。彼らは1円でも下げるのは嫌だと抵抗すると思います。ですから何らかの配慮、対応は必要かもしれません。だからといって、現在の株主資本主義のままでいいとは、わたしには、とても思えないのです。反対があるのは、わかっています。でも、そこを乗り越えていかなければ、新しい時代の新しい常識はつくれないのです。

かつて、奴隷貿易は「みんなのあこがれのビジネス」でした。たくさんのお金を儲けることができたし、時代の最先端の職業だとみなされていました。どこか冒険的に思えて、カッコよさを感じる若者もいたことでしょう。イギリスのリバプールにある奴隷貿易関連の建物には、手かせ足かせで繋がれた黒人奴隷のレリーフがあしらわれています。そんなものを誇らしげにつくってしまうほど、当時の人々にとっては魅力的なビジネスだったのです。

現在では、どうでしょうか。歴史上、もっとも非人道的な行いのひとつとされていますよね。「常識は変わる」のです。いまの世の中で「ヘッジファンド」や「アクティビスト」と呼ばれている人たちがやっていることもまた、同じような運命をたどるだろうと思っています。たしかにお金は儲かるでしょうし、カッコいいと感じる若者もたくさんいるでしょう。でも、わたしには、彼らの上に、200年前の奴隷貿易商人たちの姿が見えるのです。いまから200年後の人類は「昔は、あんなに非人道的なお金の儲け方をしていたなんて、とんでもない！」とあきれるのではないでしょうか。

## 株価に一喜一憂する必要はない

分配のルールを変えたら、アメリカから日本への直接投資が減り株価が下がってしまうと懸念する人もいるでしょう。わたしは、必ずしもそうなるとは思いません。もっと言えば、少しくらい株価が下落したっていいから、大多数の日本人の所得を増やすことのほうを優先すべきです。なぜなら、日本国民のうち株式を保有している人の割合は、ほんの「12%」なのです。ニュースでは、昨日は上がった今日は下がったと株価の変動に一喜一憂していますが、実際は、日本人の約9割は、株式を保有していません。株価の上がり下がりは、9割の国民の生活には関係ないのです。

まず、そもそも「株価が下がった」だけで「日本経済は、やっぱりダメなんだ」などと思わないことが重要です。なぜなら、株価というものは「需給関係」で決まるから。かつてのネットバブルの時代には、ＩＴ関連株すなわち「何とかドットコム、何とかドットネット」という名の会社の株価は軒並み上がりました。誰が経営しているかも関係なく、細かな業務内容も関係なく、一斉に上がったのです。逆に、ブラックマンデーのようなことが起これば、どんなに業績優秀な会社の株価も下がってしまう。すなわち、日々の株価に一喜一憂し、そのことをもって「経済のよしあし」を判断しては、ことを見誤まってしまうのです。首相執務室や財務大臣の部屋には、そのときどきの株価を示す電光掲示板が備え付けられています。まるで、株価を見ながら政治をやっているようなものです。あんなものただちに撤去したほうがいいと、わたしは、かねがね思っています。

繰り返しますが、株式を保有している国民は「全体の1割ちょっと」です。20代に限っていえば、たったの「4％」です。金額だって、せいぜい数十万円でしょう。近年、政府が打ち出した政策の中に「資産倍増計画」なるものがありました。仮に、こうした政策がうまくいってサラリーマンの資産60万円が120万円になったとき、外国のファンドや富裕層の100億円は200億円になるのです。つまり、株価を上げて資産を倍増させることとは、富の偏在を助長し、ごく一部の超富裕層とその他の人々との格差をさらに広げてしまうことになる。だからこそ、わたしは、「株価を上げる」ことよりも、国民のみなさんひとりひとりの所得を増やすことのほうが、よっぽど重要だと主張しているのです。

ちなみに「われわれの年金も投資運用しているから、株価が下がったら困るじゃないか」という意見もあると思います。でも、そうではないのです。わが国の年金制度は、いってみれば「中長期の投資」なんですね。ある人が入社してから40年後の退職時点でプラスになっていることを目指して資金を運用しています。短期間で売ったり買ったりするようなことはしていない。年金制度そのものに対する議論は、さまざまあると思いますが、年金と株価との関係は、以上のとおりです。短期的な株価の変動に一喜一憂する必要は、ないのです。

## 公共投資も公益資本主義の発想で

いま、通信大手と自動車総連の話をしましたが、そもそも日本には280万社の会社があります。アライアンス・フォーラム財団の公益資本主義研究部門で調査したところ、2010年から19年の10年間に、それら280万社の売上は7％増えています。それに対し純利益は141％も増加している。利益の増加にともなって、株主還元も配当だけで136％増えています。ここには自社株買いによる増加分は含んでいません。その間、従業員の給料の増加分は？　……たったの2％なのです。株主のもうけが１３６％も増えているのに、その会社で一生懸命に働く従業員に還元されたお金がたったの２％というのは、どう考えてもおかしいでしょう。

アメリカの財界や新自由主義の経済学者がつくりあげてきた「株主資本主義」が極まると、こうして、従業員が一生懸命に働けば働くほど、株主のためにお金を稼ぐという構図になってしまう。自分たちのためでもなく、自分たちの家族のためでもなく、お客さんのためでもなく。それはやっぱり、変だと思うのです、ふつうに考えて。株主の利益を否定するわけではないですが、バランスを著しく欠いています。どれだけ創意工夫して、経費を節減して、一生懸命に営業して売上を上げても、従業員の給料は上がりません。稼ぎの大部分が株主の利益になってしまうのでは、まったく働きがいがないじゃないですか。

公益資本主義では、「分配のルール」を変えるために、わざわざ「法律」を改正する必要はありません。コーポレートガバナンス・コードという企業行動規範を変えれば済む話なのです。金融庁と東京証券取引所が作成しているものですが、企業で働く従業員、その家族や取引先、つまりわたしが「社中」と呼ぶ人々を第一に考えるよう企業の行動規範を改正するのです。経団連に対しても、経済同友会に対しても、さまざまな企業経営者に対しても、わたしは、そういう方向へ変えていきましょうと会う機会があるたびに話し続けてきました。従業員だけじゃなく、あなたがた重役の報酬も上がるんだからいいでしょう、と。

そのためには、くりかえしますが、会社の業績を上げる必要があります。儲かっていなければ、どうやっても、従業員の給料を上げることなどできません。わたしが言いたいのは、せっかく従業員が頑張って業績を上げたのに、その頑張りに対する分配が少なすぎるということなのです。

日本では、日銀の黒田東彦《はるひこ》前総裁就任以降、物価と給料の両方を上げる「処方箋」として、アメリカ新自由主義型の金融緩和政策が継続されています。といっても、金利はすでに実質0％なわけですから、これ以上緩和することはできない。そこで「量的緩和」といって、お札をどんどん刷ることで、経済の血のめぐりをよくしようとしているのです。

しかし、残念ながらそのやり方では、国民を豊かにすることはできません。なぜなら、金融緩和で生み出されたお金は、金融経済にしか回らないからです。ここ10年で株価は上がったと言うけれど、一般庶民の暮らしは楽になったでしょうか。戦後最長の好景気と言ったって、株価しか上がっていません。

つまり、一生懸命に働いて商品をつくり、研究開発をし、質の良いサービスを提供する人たちには「好景気」の果実は配られていないのです。実体経済にお金を回すためには「金融緩和」では無理です。すなわち「財政の出動」が必要なのです。いわゆる財政投資、公共投資をしなければならないということです。

１９３０年代、アメリカの政権が世界大恐慌を克服するために「ニューディール政策」という経済復興策をとりました。道端にはたくさんの失業者たちがあふれかえっていたのですが、米政権は「フーバーダムをつくる」という方針を立て、大きな声で宣言しました。すると、ダムの建造に必要な労働者の雇用が生まれたのです。大量のコンクリートも必要になったため、コンクリート工場にも注文が増えました。そのようにして、あちこちで新たな雇用が生まれていったのです。

ただ、いまの例でもわかるように、これまで「公共投資」というと、ダムや道路、鉄道など既存の利権構造の要となる分野ばかりがイメージされてきたと思います。わたしたちは、そうではなくて「公益資本主義型公共投資」というものを考えています。この公共投資の対象は、第一に「医療」「介護」、第二に「防災」、第三に「教育」「研究」。この三つの分野を考えています。その中で、「医療」「介護」の分野について説明します。

わたしは、与えられた天寿をまっとうするその直前まで、可能なかぎり健康に暮らせる社会をつくりたいと考えています。それが、わたしの人生の目標です。仮に、若くして癌に罹ってしまっても、最先端の医療の力で克服できる社会。交通事故に遭ってしまっても、最新テクノロジーの力で車椅子から立ち上がり歩けるようになる社会。

失明しても目が見えるようになる社会。わたしは、日本という国を、世界ではじめて、そういう社会を成し遂げた国にしたいのです。そのために「医療」や「介護」を公共投資の対象にしたらいいのではないかと考えているのです。これからはさらに「防災」や「教育」「研究」という領域にも、その考えを広げていく必要があるでしょう。

いつものように「前例がない」と言われるかもしれません。でも、前例がないからどうだというのでしょうか。そうやって必要な分野にお金を回し、各家庭の経済活動が旺盛になれば、当然、物価は上がってきます。総需要を増やしながら、各企業で「分配のルール」を変更してやれば、必ず従業員の給料も上がってくるはずなのです。

こうした動きを促していくために、わたしは「RCEP」との連携を構想しています。RCEPというのは「Regional Comprehensive Economic Partnership」の略で「地域的な包括的経済連携」のことです。いわゆる「自由貿易連合」のなかでも、世界最大規模のもの。連合間の貿易においては、関税がほとんどかかりません。有名なのはEUですね。TPP（環太平洋パートナーシップ協定）も知られています。でも、RCEPは、規模の上ではTPPとEUを足したよりも大きいのです。

日本、中国、韓国にASEAN10カ国つまりベトナム、ラオス、カンボジア、ミャンマー、タイ、マレーシア、シンガポール、インドネシア、ブルネイ、フィリピン、さらにはオーストラリア、ニュージーランドも加えた、全15カ国の自由貿易協定です。

なかでも成長著しいのが「グレーターベイエリア」と呼ばれる、中国の南部の地域。日本が、そこの経済成長とうまく連動できれば、日本の景気も、日本人の給料も、もっと上げていけると考えています。そして、その構想の実現のために、わたしは2016年にグレーターベイエリアの中核・香港に拠点を構えました。まずは、日本が先陣を切って豊かな国になること。それができたら、次は日本からRCEPの各国へ、さらには世界中の国々へと、豊かさを波及させていきたいと思っています。

## 香港をハブに日本と中国を結ぶ

公益資本主義の考え方を広めていくためには、どうしたらよいのか。わたしは、日本の若者のなかに1000人くらいの賛同者が現れたら、潮目を変えられると思っています。わたしひとりでできることは、限られています。でも、仲間の力を借りてコツコツ取り組んできた活動が、徐々に実を結びはじめています。アフリカ19カ国の金融制度改革を達成したことは、すでに述べました。その流れで、ザンビアには、公益資本主義に理解を示してくれる大統領も誕生しています。ASEAN10カ国でも、各国財界のリーダーたちに公益資本主義の話を聞いてもらっているところです。さらには、わたしが拠点を置く香港の中文大学で公益資本主義を教えることで、中国の若者たちの間にも理解者が着実に増えています。

これは、こちらから頼んだわけではないのですが、過去のわたしの著書を中国語に翻訳するプロジェクトもはじまっており、『21世紀の国富論』『「公益」資本主義』の2作は、すでに中国の書店に並んでいます。公益資本主義に興味や関心を示してくれる人々が、日本国外にも、徐々に増えつつあるのです。

いま、中国では「貧富の差の拡大」が喫緊の課題のひとつです。1960年代、中国は「共産主義ですべての国民を平等にする」と宣言しました。しかしながら、その目論見は失敗しました。共産主義は人民を「平等に貧しくした」だけだったのです。たしかに「平等」かもしれないけど、豊かにすることはできなかった。そこで中国は、国を豊かにするためにアメリカ型の資本主義を導入しました。もっとも「資本主義」はマルクス・レーニン主義にとって最大の敵ですから、中国では「資本主義」ではなく「社会主義市場経済システム」と呼んでいます。しかし、その内実はアメリカ型の資本主義そのもの。市場経済の導入で莫大なお金を儲けたのは企業の経営者とアメリカのベンチャーキャピタルだけ。多くのふつうの中国人には、経済成長の果実は分配されていません。そのようにして生じた中国の貧富の差は、近年、ますます拡大していいます。そこで、少なくない数の中国人が、公益資本主義的な考え方に注目しはじめているのです。

そのような経緯もあって、数年前から香港中文大学経営大学院招聘教授となり、公益資本主義を授業で教えはじめました。中国の若者だけでなく、マレーシア、タイ、ベトナム、ミャンマー、インドネシアなど、他のアジアの国々からの留学生も、公益資本主義を学んでいます。彼ら彼女ら、アジアの若い人たちが公益資本主義に共感してくれること、そのことが、わたしにとって大きな希望になっています。

中国はもはや、多くの科学技術の分野でアメリカをしのぐほど急成長しています。しかし、最先端の医学については、いまだ立ち遅れています。わたしは日本が蓄積してきた「医学分野の研究成果や技術」を香港ひいては中国と結びつけることで、公益資本主義を推し進めていこうと考えています。これからの世界にとって、日本と中国の連携、協力関係は必要不可欠です。しかしながら歴史的な経緯もあって、政治や経済・安全保障面における協力関係を結ぶには、いまだ「障壁」があることも事実。でも、医学的な分野、つまり人道面における協力であれば、誰しも反対する理由はないと思うのです。そう考えたとき、現在わたしが拠点を構える「香港」を両者のハブ・中継点として、さまざまな活動を推進していこうと思ったのです。ではなぜ、いま「香港」なのか。

2018年にエルゼビアというオランダのシンクタンクと日経新聞が共同で世界各

国の技術水準を30の分野で比較したところ、30分野のうちの20分野以上についてトップを取っていたのは「中国」でした。戦後一貫して世界の科学技術をリードしてきたのはアメリカだという幻想は、この調査で崩れました。現在のアメリカの優位性は「医療・バイオテクノロジー」くらいに限られてしまった。他の分野、たとえば「電池」や「新材料」など、いま大きく注目されているテクノロジーについては、中国のほうが進んでいるのです。そして、そんな中国の「大学」のうち、有力な五つの大学が香港に集中しているのです。

まず医学部を持つ総合大学・香港大学。わたしが経営大学院で招聘教授を務める香港中文大学。さらには香港のＭＩＴと目される香港理工大学、香港科技大学。そして、香港城市大学。これら5大学が中国の科学技術を牽引しており、それゆえに香港は、中国における科学技術の一大中心地として大きく成長を遂げたのです。

さらに香港は、中国だけでなく「世界にとっての技術センター」としても台頭してきました。欧米をはじめとする世界各国が、次々と香港に研究拠点を設立しているのです。アメリカからはスタンフォード、ハーバード、ＭＩＴ、ジョンズホプキンス大学、シカゴ大学、カリフォルニア大学バークレー校。イギリスからはオックスフォード、ケンブリッジ、マンチェスター大学、ロンドン大学。フランスの医学関係でトップのパスツール研究所も、ノーベル生理学・医学賞を選出しているスウェーデンのカロリンスカ研究所も、メディカルデバイスの分野で業界トップのスイス連邦工科大学も。世界中の先進研究機関が、香港に集結してきているのです。いま香港は、まぎれもなく世界の医学研究の中心地となっています。だからこそ、日本が香港に医学の研究拠点を設立することは非常に意義あることだと考えています。日本が積み上げてきた医学分野の蓄積を最大限活用し、香港から中国ひいては世界の医療に貢献する。わたしがやりたいのは、そういうことなのです。

## なぜいま香港なのか

ここでなぜ、香港が世界の技術センターとなりつつあるのかについて、簡単に説明しましょう。シリコンバレーを見てもわかるように、ある地域が先端技術の一大中心地となるには「三つの条件」が必要となります。

まず、先端的な研究機関が集中していること。シリコンバレーにも、スタンフォード大学やカリフォルニア大学バークレー校、医学分野におけるアメリカのトップ・カリフォルニア大学サンフランシスコ校などが集中していました。次に、それらの大学・研究機関で生み出された新たな科学技術を活用して製品製造を担う企業群が、同じ地域に誕生すること。新たな科学技術とは、それを生み出した人たちが自ら製品の製造に携わるとき、イノベーションを起こすのです。科学技術を実際の製品に落とし込むときに「ひらめき」は訪れる、ということですね。先端技術の研究開発拠点と製造中心地とは、同じ場所に存在する必要がある。そして最後に「人とお金」も、集まってくること。これら三つの条件がシリコンバレーをうみ、現在の香港の発展ももたらしたのです。

なお蛇足ですが、シリコンバレーにかつての輝きがないのは「先端技術の製造センターとしての役割」を失ったからです。三つの条件のうちのひとつを、なかば自ら放棄した結果です。新自由主義的な「会社は株主のものである」という考え方のもとでは、株主利益は「最短で極大化」させる必要があります。その際の指標となるのが少し前に説明した「ROE」なのですが、製造業では、どうしてもその値が低くなるのです。製造業という「ROEの低い産業」に、現代のアメリカ人はお金を出さないいんですね。では、それらシリコンバレーから消えた製造業は、どこへ行ったのか。それが「香港」なのです。

1990年代の Apple は、シリコンバレーで製品をつくっていました。現在では、設計だけはカリフォルニアですが、組み立てているのは中国の深圳、グレーターベイエリアです。現在の Apple でイノベーションが起きないのは、ここに大きな理由があります。いまだに iPhone はブランド価値が高いために売れてはいますが、中国メーカーのスマートフォンと比較した場合、本体機能やカメラ性能などあらゆる点で、すでに勝負にならなくなっています。それでいて、iPhone のほうが値段は高い。他にも理由はありますが、世界の先端技術のセンターのひとつが香港に移ったのは、以上のような事情が原因なのです。そして、わたしが香港を拠点に活動しているのも、同じ理由。いま、わたしは香港中文大学医学部の栄誉教授や、香港理工大学工学部大学院の栄誉教授、さらには香港中文大学経営大学院の招聘教授を引き受けています。香港でビジネスに携わりながら、同時に、公益資本主義の研究と普及、世界への発信を、香港から行っているのです。

医療分野のように各国の利害を超えるような活動、社会や国ひいては世界全体がよくなることを企図した事業活動は、今後、ますます重要になっていくはずです。企業として、ただちに利益に直結しなくとも、社会の「公器」としてふるまうことが重要になります。逆に、お金の儲かる事業ばかりに集中し、経営陣が高給を取り株主に多額の配当を出せばそれでいい……という活動は「公器」たる企業の事業経営とは言えなくなる。そんな時代が、もう、すぐそこまで来ていると思います。

## 公益資本主義を浸透させるために

いま、公益資本主義の理論体系の整備は、アライアンス・フォーラム財団の公益資本主義研究部門で進めています。そして公益資本主義の考え方から導き出された政策を打ち立ててもらうために、わたしは、志のある政治家の方には与野党問わず公益資本主義について説明する機会をいただいています。

ただ、公益資本主義の実現は「トップダウン」では難しい。国民のみなさんからの賛同の声があってはじめて、実行できるのです。ですから、この本を通じて読者のみなさん、とりわけ若い人たちに、わたしたちの公益資本主義の理念や考え方を、少しでも知ってほしいと思っています。

世界も、少しずつ、変わっています。すでに申し上げましたが、2019年、アメリカの主要企業の経営者をメンバーとするビジネス・ラウンドテーブルの方針が、条件付きではありますが、表面的には新自由主義に基づく「株主第一主義」を改める方向へシフトしました。また、世界のリーダーたちが集うダボス会議の雰囲気も、2020年1月を境に変化の兆しを見せています。公益資本主義を理解してくれる人たちは、徐々にですが、確実に増えてきています。

公益資本主義に興味を持ってくださった方は、ぜひアライアンス・フォーラム財団のホームページを訪れてほしいのですが、わたしたちの取り組みの中で、ひとつ具体例を挙げておきましょう。それは社員とその家族を守るための「会社法の改正」です。

何らかの商品がヒットして、お金がたくさん儲かったとします。そのときの儲けを、コロナなどの不測の事態で長期間売り上げが立たないときにも、従業員に給料を払うための資金としてプールしておけるよう、会社法を改正したいのです。そのような仕組みがあれば、事業が一時的にうまくいかなくなっても、銀行から借入れすることなく、政府の補助金をあてにすることなく、従業員とその家族を守ることができます。そういう制度は、現行の会社法の改正で実現することができるのです。世界的なパンデミックや大きな地震・台風などの自然災害に備えて、従業員のために使えるお金をプールしておくことができる。そうできるよう、法律でしっかりと定めておくのです。

一般的には「内部留保」と言われているお金ですが、株主資本主義の風潮のもとでは、その内部留保さえ株主に分配せよという論調が優勢です。でも、これまで述べてきたように、儲かっている会社の株主には、そうでなくたってたくさんのお金を払っているんです。内部留保まで株主に払うべきだとは、わたしには、とうてい思えません。

松下幸之助さんの掲げた「ダム式経営」と同様、しっかりした現金資産を持ち、地震災害や金融危機などが起こっても、一生懸命に働いている従業員と、その家族を守っていけること。これを実行すれば「ＲＯＥ」を下げる要因にはなりますが、会社の「持続力、生命力」を増大させることにつながります。わたしは、それこそが「企業の第一の使命」だと思うのです。

# 第9章

## 尊敬する人を見つけよう。
## その人から学ぼう、その人の話を聞こう

## 自分の頭で考えて、自分で決めること

最後に、わたしが人生において大切にしてきた五つの事柄について、お話ししたいと思います。すべて、わたしが直接、人から教わったり、学んだりしてきたことです。

まずは「自分の頭で考えて、自分で決めること」です。幼いころから、父母にそう言われ続けてきました。中学でひとりだけ長髪を続けたときも、慶應義塾志木高校への進学を取りやめたときも、大学に入って当時の共産圏をひとりで旅したときも、父からのアドバイスは、すべて「自分で考えろ」でした。結局、いつも、最後のところでわたしを踏ん張らせ、前へ進ませてくれたのは、この「自分の頭で考えて、自分で決めるしかない」という教えでした。

高校時代、受験科目以外の授業をつぶして英語や数学をやるなんて冗談じゃないと、黒板に背を向けて、ひとりで音楽や美術を勉強していました。アメリカの大学入試の英語科目では、平均点だけを比べたら、中国人受験生のほうがアメリカ人より上だっ

たりするんです。でも、実際に英語をしゃべらせたら、ネイティブのほうがうまいに決まってますよね。いい点数を取るためのテクニックばかり学ぼうとする気風が、現代には色濃く漂っています。誰かのつくった何らかの指標、基準、評価、そういったものに自分を合わせて生きていく。そんな人生が、はたして楽しいでしょうか。わたしは、つまらないです。何にせよ「ハウツー」をなぞることくらい、つまらないことはない。それは、誰かの真似事でしかないのです。

株主資本主義が世の中をつまらなくしているのは、ひとつには、簡単にお金を稼ぐにはどうすればいいか、そんなことばかり気にする若者をたくさん生み出しているからです。つねに「自分の頭で考えなさい」と言われながら育ったことは、わたしにとって決定的でした。ただ、そうしなさいと厳しく言われたわけでもありません。どちらかというと、まわりの大人が「あれこれ言わなかった」んです。どこそこの高校へ行けだとか、将来は何になれだとか一切、言わなかった。とにかく「何をやってもいい」んです。他人に迷惑さえかけなければ。自分の頭で考えて、自分で決めたことならば、両親はゆるしてくれたのです。そういう環境を、親が子に与えることは、とても重要だと思います。

## 現地へ行くこと

自分の頭で考えて、自分で決める。そのとき、どうやって「決める」のか。ひとつには「現地に行く」ということだと思います。つまり「たくさんの意見に触れて五感で感じる」こと。その中から、自分の頭で考えて、自分はどうすべきかを判断するのです。

何かひとつの意見や情報に偏らないことが重要です。日本のテレビで流れているニュース、アメリカ発のニュース、ヨーロッパ発のニュース、ロシア発のニュース、中国発のニュース。いずれも完全ではないし、どれも、どうしても偏っているものです。一方向からの意見や情報、ニュースだけを盲信せず、まんべんなく、フラットな態度で情報に接すること。そして、最後は必ず現場へ行ったり人に会ったりして、直接、自分の目や耳でたしかめること。そのことが「自分の頭で考えて、自分で決める」ことをしっかり支えてくれます。

食わず嫌いとよくいいますが、わたしは「行かず嫌い、会わず嫌い」がよくないと思います。どれだけフラットに思える情報でも、必ず「偏り」はあるものだと心に留めておいてください。わたしも、大学時代に共産圏のリアルな姿を見てきたからこそ、共産主義ではやっていけないとはっきり理解できたのです。

「どうして現地へ足を運ぶことが、そんなに重要なんですか」と聞かれることがあります。「原さんは、自分でも遠隔教育や遠隔医療の事業をやっているのに。最先端の通信テクノロジーを使えば、わざわざ時間とエネルギーとお金をかけてアフリカになんか行かなくても済むじゃないですか」と。言いたいことは、よくわかります。わかりますが、やっぱり「現地に行かなければわからないこと」があるのです。

インターネットでやりとりできるのは「データ」だけです。みなさん、コロナの時のリモート環境を経験しているから、おわかりじゃないかと思います。インターネットは「現場の空気」のような「生もの」を伝えてはくれません。どんなにテクノロジーが発達しても「人と会うこと、顔を突き合わせて話すこと」にかなうものはないのです。そこで何が起こっているかを確認することは、ディスプレイ越しでは無理なのです。自分の目と耳と鼻と……この身体全体を現場に晒すほかありません。

とりわけ、途上国。そこでは何よりもまず、自分の身の安全を自分で守ることからはじまります。考古学のときの伝染病や毒ヘビなどはもちろん、人間による「犯罪」も身近に起こります。時にはゲリラや政府軍から身を守る必要もあります。ぼーっとしては、いられないのです。

世界の中でも「さまざまな面で、日本は恵まれている」ことは、日本で暮らしているだけでは、なかなか実感できないでしょう。でも、途上国を半日も歩けば、たちどころにわかるはずです。自分たちが、いかに恵まれていたかということが。そう感じられるだけで、日本の若い人たちは、ガラッと変わると思います。

まず「問題意識」を抱くようになりますね。栄養不良の改善プロジェクトで、日本の学生をアフリカへ連れて行ったことがあるんです。医学生も、何人か混じっていました。彼らは頭の回転も速いし、まあ、将来も保証されています。ご実家がお金持ちだという学生も多い。ただ、わたしたちとアフリカへ行く前には「何のために医者になろうとしているのか」が明確になっている学生は、それほどいませんでした。そんな彼らも、遠い遠いアフリカで、栄養失調でいまにも死にそうな子どもたちを目の前にすると「自分にもできることがないだろうか」と強烈に考えるんです。まだ医師の免許を持っていませんから、医療的な処置は何もできない。でも、そんな自分たちでもやれることを、やれる範囲で、一生懸命に探そうと奮闘していました。おつかいでも、雑用みたいなことでも、何でもしますって。いまではみんな、立派なお医者さんになっています。

やっぱり「医師の使命とは何たるか」については、日本にいただけでは、真剣に考えられなかったのでしょう。途上国で「死にそうになっている子どもが目の前にいるのに、何もできない」という「挫折」にも似た経験が、学生たちの「芯」をすっかり変えたのです。アフリカの貧困を論じた本も、優れたドキュメンタリー映画も、実際に「現地の貧困の中に立つ」ことには、かないません。困難な状況に身を置き、五感全体を使って感じ、自分の頭で考えること。テクノロジーは、もちろん重要です。上手に使えば、人間の夢や希望を実現してくれます。

この本の中でも、何度も申し上げてきました。でも、現地における直接的体験は、インターネットでは代替できないのです。どうしたって。わたしが、その気のある若者たちに対して「ぜひ、途上国へ行ってきなさい」と勧めているのは、そういう理由です。

## 長い時間軸で考えること

スタンフォード大学で学んでいたとき、「テクノロジー未来志向」の学生たちは、こぞって10年20年先の未来を語り合っていました。考古学を学んでいたわたしは「何千年、何万年過去の世界」と向き合っていたので、まわりの学生に「せめて500年先くらいの話はできないのか」と、いつも苦言を呈していました（笑）。そのおかげで、ひとりだけ、ボヘミアンクラブへの出入りをゆるされたり、尊敬すべき人物におもしろがられたり……かけがえのない出会いに恵まれたのです。

もちろん、ただ「おもしろがられる」だけでなく、長い時間軸で考える訓練は、いろんな場面で役に立ちます。たとえば「500年先のコンピューター」は、どうなっているだろう、と考えてみる。いまはスマホ全盛の時代ですが、わたしは初代のiPhoneなど影も形もない1991年、原財団を創設したときのパンフレットに「2015年には、パソコンなど誰も使わなくなるだろう」と書いています。厳密に言えば「パソコンの中の純粋な計算機能は誰も使わなくなる」という意味です。当時のパソコンは単純計算をする機械として設計されていましたから、インターネットの普及とともに、将来的にはパソコンの機能は「通信」に特化していくだろうと考えたのです。いま、そのとおりになっていますよね。パソコンの通信機能が携帯電話と一体化して、iPhoneが生まれたわけですから。

1998年、スタンフォード時代の同級生スティーブ・バルマーがマイクロソフトの社長に就任しました。シリコンバレーで行われたある講演で、彼が「これからは、Windowsとインテルの時代です」という話をしたんです。たまたま次の登壇者だったわたしは、反対に「インテルの時代は終わる」という話をしたことをよく覚えています。その後、そのとおりになったからです。

たしかに一時的にはインテルの時代でしたが、いまやインテルの時代はとっくに終わりを告げました。パソコンのプロセッサ分野ではいまだ有力な企業のひとつかもしれませんが、世界の趨勢はスマホやタブレットなどスマートデバイスへ移行しているのは周知のとおりです。短期的な視野にとらわれることなく、中長期的なスパンでものごとを考えること。それは「単なる予想」ではなくて、経験から導かれる論理的思考の結果なんです。

よく先のことがわかりますねと言われます。別に変な予知能力があるわけではないのですが、わかるのです。なぜなら、具体的な技術を開発するために研究者を見つけだし、そこへ少なくない額の自己資金を出資して事業を立ち上げてきたわけですから。これからの世界は、どのような技術があれば生きやすくなるのか……と真剣に考えて考えて考え抜いて、ようやく自分のお金をつぎ込むんです。だから、わかる。

とくに明確に「わかる」のは「技術の限界」ですね。いま世間を騒がせている人工知能も、このままでは「賞味期限」はあと20年くらいでしょう。長くなるので詳しい説明は他に譲りますが、いまのレベルの人工知能に、人間を駆逐するような力を発揮させようとしたら、膨大なコンピューターの処理能力が必要になります。と同時に、それだけのコンピューターを駆動するための膨大な電力も必要になる。ちょっとやそっとの技術開発では解決できないレベルです。

基本的に「人工知能」とは「電卓の延長線上に位置するもの」と考えるべきでしょう。すっかり人間に取って代わるような人工知能など、実用化することはできません。もちろん、計算だけは速いでしょう。でも、計算に基づく仕事をさせたら、人間なんか足元にも及ばないでしょう。計算に基づく仕事をさせたら、人間なんか足元にも及ばないですよ。人工知能とは、あくまで人間の知的活動のうち、計算に基づく部分なんて、ほんの一部。人工知能とは、あくまで「ある一定の仕事をさせたら便利に使える」ものでしかないと思ったほうがいい。人工知能によって、人間の仕事がすっかり奪われるという心配はないと思います。

なぜなら、人工知能は「価値の評価」を下すことができないからです。それは、絶対にできない。そのときどきの自分たちにとってもっとも重要な価値は何か……を見極めることは、人間にしかできません。仮に、ある会社の社長さんを人工知能にすげかえたとしましょう。歴代トップの思考パターンや過去になした仕事、経験などをすべてChatGPTに覚え込ませて習熟させ、今日からの会社の舵取りをさせていくわけです。そのとき、これまでとまったく異なる方針を取ることは、人工知能にはできないでしょう。人工知能には、過去のデータとまったく異質な選択肢を主体的に選び取ることはできない。ドラスティックな方向転換は、人間にしかできない。それは、幅広い教養や深い知識に裏打ちされた経験を持ち、成功と失敗を積み重ねてきた人間にしかできないのです。

## 失敗の経験から学ぶこと

若い人たちにメッセージを、とよくリクエストされます。そういうときには、まず「前向きな気持ちを持ってください」と言うようにしています。そして、そのことと表裏一体なのですが、「経験から学ぶこと」も大切です。わたし自身、失敗の経験は「山ほど」あります。10社、会社をつくったとしても、問題なく経営を続けられているのは、そのうち3社くらいでしょう。でも、失敗したから「もうダメだ」なんて思う必要はまったくない。その失敗を糧にして、別の何かにチャレンジすればいいのです。

第7章で「見えない階段」の話をしました。何らかの目標を成し遂げるには、ときにつまずきながらも、1段1段、階段を登っていくしかないのです。わたしだって、立ち直れないような失敗を経験して、打ちひしがれた日々もありました。

たとえば、イスラエルにつくった会社が倒産したとき。ソフトウェアスイッチングという仕組みをつくっていた会社で、いまでは世界中の通信会社が使っている汎用性のある技術ですが、もとになった原理は、2000年くらいに、イスラエルのコムゲートという会社が開発したのです。

コムゲートは、わたしの会社デフタ・パートナーズが出資をして、わたし自身が会長を務めていました。ところが、イスラエルが周辺諸国との臨戦態勢に入ったため、たくさんの優秀な研究員が兵隊に取られてしまったのです。さらに、同じく出資していたカナダの大手情報通信会社が撤退。とても研究資金のかかる事業だったためわたしの会社単独で支え続けることは非常に困難でした。最後にはわたし個人のお金もつぎ込んだのですが、結果として、何十億円もの負債を抱えて倒産してしまったのです。わたしの人生で最大規模の倒産であり、極めて多額の負債を抱えることになってしまいました。さすがのわたしも、そのときばかりは「もうダメだ」と落ち込みました。ビジネス界の大先輩たちから「監獄と倒産のふたつを経験しなければ、一人前にはなれないぞ」って何度も言われていたんだけど（笑）、負債の額がとんでもなかった。数十億です。

でも、そのときに、ある人がわたしに言ったんです。「身体を壊したわけじゃない、ましてや生命を取られたわけじゃないんだから、何ともないじゃない？」って。そのひと言で、気を取り直して前を向くことができました。

結局、他の事業をがんばってマイナスを取り戻すことで、立ち直ることができました。なお、コムゲートの技術は別の会社が買ってくれたことで、運良く生き延びることができました。

とにかく、挫折や失敗、失恋や怪我や病気さえもぜんぶ、人生にとって意味のある出来事です。自分の気持ち次第では、どんなマイナスもプラスに転じることができる。そう信じて疑わないことが、わたしは、極めて重要なことだと思っています。

## 最後は「人」

最後は「人」、ですね。やっぱり。もっと言うと「人との出会い」です。オムロンの立石一真さん。本田技研工業の本田宗一郎さん。イトーヨーカ堂の伊藤雅俊さん。わたしの祖父・黒田善太郎。尊敬する創業者は、みんな、自分だけお金が儲かればいいという人ではない。そんな人は、ひとりもいませんでした。仲間と一緒に会社をつくって、みんなで大きくして、結果、お金が儲かったら分かちあおうという考えの人たちばかりです。

彼らは共通して、四つのことを大切にしていました。

まず、ひとつめは「大義」です。会社をつくるにあたっての「大義」ですね。自分たちは、何のために何をなすのか。みなさん、その点を極めて重要視していました。

ふたつめは「地に足のついた戦略」です。オムロンの立石さんが大阪工場を火災で失ったのは、たしか45歳のとき。再建にあたっては、お客さんのところへ行って先に注文を取ってきたそうです。まともな工場もないのにと従業員も驚いたそうですが、立石さんには「勝算」があったんですね。相場師のような「一か八かの賭け」には出ませんが、実現可能性を見出したら臆せず大胆に行動する。偉大な創業者には、少なからずそういう勝負師のようなところがある。

三つめは、「情熱」です。なすべきだと決めたことへの、思いの強さ。鉄道に対する父の情熱もすごかったけれど、尊敬する創業者は、例外なく、心の裡《うち》に熱いものを秘めていました。

そして最後に、「分かちあう心」。自分だけお金を儲けられればいいなんて人は、ひとりもいませんでした。従業員とその家族、地域社会、お客さん。自分の会社の利益を独り占めにしようとはせず、みんなで分かちあおうという創業者ばかりでした。

大義、地に足のついた戦略、情熱、分かちあう心。尊敬する創業者たちは、総じて、それら四つの「宝物」を持っていたのです。

対して、現在の世界経済のトップに居座る人たちは、どうでしょうか。おしなべて「株主資本主義」的な考えを持ち、株主たる自分の利益が増えればそれでいい。真面目に働いている従業員やその家族のことは、眼中にない。そういう考えの起業家を、わたしは尊敬することができません。会社が儲かれば、従業員の給料が上がるのは当然です。でも、すでにご説明しましたが、株主資本主義のもとでは必ずしもそうならない。どんなに会社の発展に貢献していたとしても、病気で倒れてしまったら、そこまでです。ただちにクビ、使い捨てにされてしまうでしょう。その一方で、巨万の富を得たアメリカ型のアントレプレナーは、たいがい慈善家になります。巨額の寄付をし、名声を得ます。もちろん、そのこと自体が悪いというわけではありません。でも、そんな大金を寄付する前に、自社で働く従業員のことを、もう少し考えてみてはどうだろうと思うのです。

わたしの祖父・黒田善太郎は、男性社員が事故や病気で働くことができなくなった場合、その奥さんを会社で雇うことにしていました。昔の話ですから、外で働いたことのない女性もたくさんおられたんですね。そのときは、その方に向いている仕事を社内につくりだして、働いてもらっていました。最低限、お子さんが学校を終えるまでは安定して働ける場を提供し、その子が社会へ出てからも、仕事を続けたいという気持ちがあれば、引き続き働いてもらったそうです。そんなことをした理由はもちろん、社員とその家族を守ることが創業者の義務であり、会社の役目であると考えていたからです。これこそが、先ほど話に出た「大義」であると、わたしは思います。

そしてこのことは、ただ「創業者」のみならず「会社の経営を担う者」にも同様に当てはまります。利益を還元するときには、まず従業員へ、余った部分から株主はじめ「社中」に分配する。従業員に還元する以上に、株主には還元しない。東洋紡の伊藤恭一会長のお話をしましたね。子会社ユサ社の儲けのすべてをエルサルバドルに還元していたエピソードです。真に尊敬すべき経営者の態度であると、わたしは考えています。カッコいいんです、経営者として。端的に言って。

そう、かつての日本の経営者は、みんなカッコよかった。伊藤会長やホンダの本田宗一郎さんの素晴らしさ、カッコよさを、いまこそ多くの人に知ってほしいと思います。

アメリカ型、株主資本主義的な考え方のアントレプレナーは、すべてを数字で理解し、表現し、結論づけますね。多民族国家であるアメリカでは人々の価値観も多様ですから、会社の経営をすべて「共通言語」である数値に置き換えて考えようとします。ビジネススクールは、まさにその方法を教える場所なのです。でも、従業員の満足度や幸福度、本当の意味での生産性などは、決して数字で表すことはできないものです。人によって、考え方によって、その尺度が変わってくるからです。それなのに「幸福」という「価値観」さえ数値化しようとするのが、アメリカのビジネススクールです。

日本の社会も、いま、同じような方向へ進もうとしています。政治家も官僚も法律家もメディアも、アメリカのやり方を現代の「金科玉条」としています。こうした動きに対してわたしは、日本型のアントレプレナーが活躍できるような土壌を整備しようと行動しています。会社法、信託法、金融商品取引法の改正。あるいは労働法、倒産法、知的財産基本法、独占禁止法なども考え直さなければならない。どの場合も、ベースとなるのは公益資本主義です。その哲学、考え方にのっとって、制度改革を進めていくのです。その結果として、わたしは、「教育を受けた、健康で豊かな中間層」をつくっていきたい。まずは日本に、それから、世界に。

そのためには、ぜひ、これからの若い人たちに、わたしたちの考えを知ってほしい。公益資本主義に賛同してくれる若者を、ひとりでも増やしていきたいのです。彼らの中から公益資本主義的に考える経営者が出てきて、従業員やその家族、取引先の幸せを第一に考える会社が1社でもいいから生まれ、成功してくれたら。大げさでなく、日本を変える第一歩になると思っています。人数も重要ですが、かと言って「数」がすべてではない。最後に頼りになるのは、公益資本主義に賛同してくれるひとりひとりの人、なのです。

公益資本主義の考え方は1997年に生まれ、公益資本主義という言葉は、2008年に生まれました。アライアンス・フォーラム財団の中の公益資本主義研究部門で議論した結果、この名前に決めたのです。

先に英語の名称を「Public Interest Capitalism」としました。これを日本語に訳して、公益資本主義。イギリスでは私立の学校のことを「パブリックスクール」と呼びます。また、尊敬する福沢諭吉先生も「個人の独立なくして、一国の独立なし」とおっしゃっています。つまり「公」という概念においては、他ならぬ「個」が重要なのです。公益資本主義の考えに賛同してくれる若い「個」に、わたしたちは、大いなる期待をかけています。

## わたしが影響を受けた人物

影響を受けた人物は誰ですかとよく聞かれますので、何名か、お名前を挙げたいと思います。お話ししてきたように、祖父母と両親の影響がいちばん大きいのですが、他にもたくさんの人の考え方から学んできました。まず、歴史上の人物でいえば、アルベルト・シュヴァイツァー。ドイツの医学者ですね。もちろん、お会いしたことはありません（笑）。小学校2年生のときに母に買ってもらったシュヴァイツァーの伝記を読んで、強く感銘を受けたのです。

シュヴァイツァーは、ドイツ領だったころのアルザス＝ロレーヌ地方に生まれました。いまは、フランスのいち地方ですね。彼は学校で神学と哲学を修めて神学者となり、大学で神学を教えていました。でも、あるときに、アフリカでは、多くの子どもたちが病気や栄養失調で死んでいくことを知り、みずから医師になろうと決意するのです。シュヴァイツァー30歳のときのことです。神学科講師の肩書や安定した将来を捨て、医学部のいち学生となり、医師の免許を取ったのです。38歳の時には、アフリカのガボン共和国の首都リーブルビルから南東150キロ、オゴウェ川の大西洋側から約200キロ遡ったところにあるランバレーネという村にちいさな診療所をつくります。最終的に大きな病院になっていくのですが、彼はそこで、現地の人たちに無償で医療を施します。その生き方に、まだ8歳くらいだったわたしは、深く感動したのです。当時は「医者になりたい」とも思っていました。でも、小学校の理科の「カエルの解剖」で挫折してしまいました。これはちょっと、自分には向いていないかもしれない……って。ただ、医者の夢は諦めたのですが、アフリカに関する本をたくさん読むことになりました。このときの読書経験が、のちにアフリカの栄養改善プロジェクトや遠隔教育・遠隔医療の事業に取り組むきっかけとなっていくのです。

また「人」ではないのですが、考古学の資金を稼ぐためにビジネスを学ぼうと入学したスタンフォード大学も、やはり、わたしに大きな影響を与えています。そこでわたしは、いわゆる「ルールメイキング」というものの何たるかを学びました。

日本人は「すでに決められたルール」に対しては、仮に「おかしい」と思っても唯々諾々と従ってしまうことが多い。現在では、ＧＡＦＡＭのつくったルールや、アメリカの新自由主義者たちのつくったルールが、世界を覆っています。スタンフォードという学校は、そういうルールをつくる側の人間の集まる場所だったのです。スタンフォードが何をするにも「システムから変えよう」としてきたのは、スタンフォードでの経験が大きい。株主資本主義の根本をなす新自由主義の考え方は、ノーベル賞経済学者のミルトン・フリードマンらがつくったルールですね。その、自社の従業員を大切にしない株主資本主義のルールは、わたしは、絶対に変えるべきだと思っています。公益資本主義によって、乗り越えられるべきだと考えています。

スタンフォードではＭＢＡコースから工学部へ移ったのですが、ノーベル生理学・医学賞を受賞したアーサー・コーンバーグ先生のもとでも学びました。発掘調査のときに役立つ治療薬を開発したいと思って、先生のところへ相談しに行ったのです。すると先生は、その場で「わかった。では、わたしの学生になりなさい」と言ってくれました。先生のもとで学んだのは、バイオケミストリーや遺伝子工学。いま、わたしは香港中文大学の医学部栄誉教授でもあるのですが、それも、医学の専門家ではないものの、コーンバーグ先生のもとで学んだ経験があればこそなのです。

ともあれ、このようにしてわたしは、スタンフォード大学で、さまざまなことを学びました。また、本当に難しいことを中学生にもわかるように話すことが大切だということも学びました。工学部では光ファイバーの会社を立ち上げるための知識や技術を、ブラウンバッグランチではルールメイキングの重要性を、コーンバーグ先生にはバイオやライフサイエンスの知識を。先生からは「どのような素性の人間でも、見込みがあれば受け入れる」という態度も教わりました。医学部に入る試験も受けていない工学部の学生に「わたしのところで学べ」なんて、ふつう言えないでしょう？　先生は、わたしの「資格」ではなく「志」を理解してくれたのです。わたしが誰かにお金を出資する際の考え方は、まさに、このとき先生が示してくれた態度そのものなのです。

そうそう、ディー・ホックという人との出会いも、わたしを大きく成長させてくれました。ＶＩＳＡの創業者、つまりクレジットカードを広く普及させた人物ですが、とりわけ彼の「組織論」には大変に感銘を受けました。すでに１９８０年代に、彼は「ヒエラルキー型」でなく「フラット型」の組織を提唱していたのです。いまでこそ、めずらしいアイディアではないでしょう。でも当時は、ほとんど理解されなかったんじゃないでしょうか。でも、彼の言うフラット型の組織は、わたしのイメージする「会社」の姿にピッタリだったんです。学生時代に立ち上げた光ファイバーの会社も、その後のベンチャーキャピタルの会社も、社長も平社員もない、完全にフラットなスタイルでしたから。

どうして「フラットな組織」がいいのか。ひとつには、命令系統があると、人はどうしても「指示」を待ってしまうのです。つまりピラミッド型の組織は、へたをすると「指示がなければ動けない組織」になってしまう。逆に、フラットな組織ではメンバー間で「理念」を共有しさえすれば、実行に際しては、誰がどう動いてもいい。共通の理念に基づいてさえいれば、アイディアは、誰が考えても、誰が実行しても機能するんです。新しいことをはじめるときは、理念とアイディアとをメンバーに伝えて、みんなに「いいね」と了承してもらったら、その人がリーダーになってやればいいのです。こうした在り方が巨大組織でも実現可能だということを証明したのが、他ならぬディー・ホックでした。

夏になると、よく彼の家へ遊びに行って、いつまでも語り合いました。ただ、彼の家がまた巨大で……（笑）。港区くらいの広さがあったんじゃないかな？　なにせ、門をくぐってから母屋へ到着するまでに、車で30分くらいかかるんです（笑）。わたしが次から次へと質問するものだから、ずいぶんおもしろがってくれました。あるときには彼の会社を手伝ってくれとも言われましたが、すでに光ファイバーの会社はもちろん、ベンチャーキャピタルの仕事もはじめていました。だからその申し出は断りましたが、彼の自伝（『混沌と秩序――世界有数のカード会社・VISAカードの組織改革』村上彩訳、たちばな出版、２０００年）の日本語版の序文は、わたしが書いています。

　そしてやはり、いちばん多くのことを教えてくれたのは、素晴らしい日本のリーダーたちです。すでにお名前を挙げた東洋紡の伊藤恭一会長、本田宗一郎さん、松下幸之助さん、伊藤雅俊さん以外にも、ソニーの盛田昭夫さん、セコムの創業者・飯田亮《まこと》さんなど、数々の立派な経営者から学んできました。なかでも、オムロン創業者の立石一真さんには、本当にたくさんのことを教わりました。32歳から38歳くらいまでの6年間で、１００回以上は立石さんを訪ねていろんな話を聞きました。

　たとえば当時、オムロンの工場のラインには、目の見えない人が立っておられました。立石さんは「目の見えない人は、それだけ耳がよく聞こえます。彼らが、オムロンのセンサー工場の中でも、とくに聴力を必要とするラインを担当してくれると、工場全体の仕事の能率がより上がるのです」と説明してくれました。法令の定めで身障者を義務として雇うのではなく、あくまで適材適所の考え方で担当箇所を割り振っておられたのです。故郷富山の聾唖者を積極的に雇用した祖父と、同じ心持ちで会社を経営されていたのではないでしょうか。ただ、いちばん心にしみたのは「会社は考古学のためにあるんじゃない」という教えかもしれません（笑）。つまり、会社というものは「事業を通じて、世の中に貢献するものなんだ」ということを、ことあるごとに教えてくださったのが、立石さんだったのです。

　また、ソニーの盛田昭夫さんからは、ある意味で「正反対」のことを学びました。当時からわたしは、すでに世界中で事業を展開していたのですが、たとえば、アメリカには「テクノロジー」はあるが「考古学的な対象」がない。逆に考古学的に惹かれる国には、テクノロジーがない。でも、あるときに「イスラエルには、両方ある」ことを知ったのです。そこで、イスラエルに事業所をつくりたいと思ったのですが、いや、わたしの「趣味」のために……なんて、後ろめたかったんですね。とくに、立石さんに「会社は考古学のためにあるんじゃない」「事業を通じて世の中に貢献するものが会社だ」と教わったあとでもあったので（笑）。

　その会社はゾーランといって、画像データの「JPEG」チップを開発していました。当時は、わたしが営業担当としてカメラの製造メーカーを回り「JPEG」チップを採用してもらおうと頑張っているころでした。キヤノン、ニコン、ミノルタ、ヤシカ、リコー、ソニー、コダック、サムスン、LG……。わたしはゾーランの大株主でありつつ、営業マンも兼務していたのです。単に出資して上場するのを待つのではなく、ゾーランの「JPEG」チップを各メーカーに自分で売り込もうとしていました。お金を入れた会社の事業を少しでも伸ばそうと、自分自身で一生懸命に営業していたんです。

その中で、コダックのジョージ・フィッシャー会長からは見事に断られました。「こんなに解像度の低い、できそこないのオモチャは使えない。たとえ将来的にきれいに写るようになったとしても、我が社のフィルムに競合するような商品など扱えるわけがないだろう」なんて言われて。ポラロイドも似たような反応でしたが、富士フイルムは違ったのです。非常に先見の明をお持ちの技術部長が「いまはまだ未完成かもしれないが、もしかしたら時代は、デジタルの方向へ大きく動いていくかも知れない」と興味を持ってくださったのです。その後、富士フイルムはデジタルカメラの分野で先駆的な成長を成し遂げますが、コダックとポラロイドは倒産してしまいました。そして、デジタルの分野で大きな利益を得た富士フイルムは、いまでは医療分野にも進出し大きく飛躍を遂げていることは周知の通りです。

また話が逸れてしまいました。そのゾーランの話に戻しますと、テクノロジーと考古学の両方があるイスラエルに事業所をつくりたかったのですが……前述のように、しばらく葛藤していました。そんなとき、たまたま盛田さんとお会いしたんです。

80年代の終わりくらいだったかな、盛田さんがザルツブルクに工場をつくったころです。わたしには、疑問だったんです。どうして、ザルツブルクなんかに工場を建てたのか？　ソニーの重役に聞くと「ザルツブルクはヨーロッパの中央に位置していて、どこへ何を運ぶにも物流が便利だから」と言うんです。即座に、そんなわけないと思いました。自分で言うのも何ですが、ヨーロッパに限らず、わたしは世界中の地理に詳しいんです。父の鉄道模型のおつかいで、いろんなところに出張していましたから。その経験から、どう考えてもザルツブルクが物流に向いているとは思えなかった。

そこで、盛田さんに聞いてみたんですね。どうしてザルツブルクなんかに工場を……って。そしたら盛田さんは「ははあ。キミ、見抜いたな！」と。盛田さんがザルツブルクに工場を建てたのは「正々堂々とカラヤンに会うためだ」と言うんです（笑）。世界的なオーケストラ指揮者のカラヤンに会うために、盛田さんは、ザルツブルクに工場を建てたのです。えっ、そんな理由で工場をつくってもいいんですかと聞き返しました。すると盛田さんは、こう説明してくれました。事業においてもっとも大切なものは何か、それは「熱意だ」と。カラヤンに会えると思ったら、わたしは、長時間の飛行機もいとわずザルツブルクを頻繁に訪ねることになるだろう。トップがしょっちゅうやって来る工場は、活気づく。結果として会社全体によい影響をもたらすのだ、と。その言葉を聞いてわたしは、イスラエルに拠点をつくることを決意しました。正々堂々とね（笑）。「情熱に優るものはない。情熱とは、磁石のように周囲の人をひきつけるものだ」。盛田さんからは、たとえば、そんなことを学びました。

## 従業員とその家族を守るのが企業の使命

わたしは、世界の流れは、徐々に公益資本主義的な方向へシフトしていくと考えています。ただ、わたしたちが公益資本主義的な社会の実現にモタモタしている間に、アメリカが先に「似て非なるもの」をつくり出してしまうかもしれません。

1997年、日本の経団連に当たるアメリカのビジネス・ラウンドテーブルが「株主第一主義」を打ち出して以降、日本をはじめ世界に株主資本主義的な価値観が急速に広まっていきました。しかしその後、行き過ぎた株主資本主義を表面的に「反省」した2019年のビジネス・ラウンドテーブルは顧客や従業員の利益にまず言及し、株主に関しては最後に触れるにとどまったのです。

しかしそれは、公益資本主義の掲げる「社中」を大切にする考え方とは、根本的に異なります。「長期的な株主の利益の最大化」のために、従業員・顧客・取引先も大事にするというだけです。短期がダメになりそうだから、今度は「中長期だ」と考えているだけなのです。

公益資本主義と混同されがちな概念に「ステークホルダー資本主義」があります。

日本の経済団体のトップが、わたしによく言ってくるんです。原さんの公益資本主義って、ステークホルダー資本主義と同じですよね、と。勘違いも甚だしい。公益資本主義とステークホルダー資本主義は、まったく異なる考え方です。ビジネス・ラウンドテーブルのステークホルダー資本主義宣言に署名したボーイングやオラクルといった企業は、当期純利益の130％以上を「株主だけ」にリターンしています。それが「正しい」と取締役会で認めているのです。このことからもステークホルダー資本主義が、公益資本主義と異なるどころか、まったく正反対の概念だということがわかります。

公益資本主義とは、社中間の協力、つまり会社を成功に導こうとする仲間たちによって形づくられるものです。その点ステークホルダー資本主義では、企業の構成員はそれぞれに組合を組織しており、自分たちの利益だけを最大化しようとしています。富の分配について常に対立し、交渉の結果どうにかまとまったものを協定のようなかたちで結び、隙あらば抜け駆けしようと互いに考えている。そんな風土からは、何十年も健全な経営を続けて世の中に貢献していく企業など、うまれてくるはずもありません。

繰り返しになりますが、わたしたちの公益資本主義では、従業員とその家族、顧客、取引先、地域社会、地球こ丶そ丶が丶もっとも大事な存在なのです。極端な言い方をすれば、従業員も大事にするのがステークホルダー資本主義で、従業員こそ大事にするのが公益資本主義です。経営者の使命は「株価を上げること」ではなく「従業員をはじめとした社中を豊かにすること」です。大企業が取引先の中小企業に対してボーナスを出したっていいじゃないですか。ステークホルダー資本主義、その極限的な形態としての株主資本主義が「奪い合う」ものなら、公益資本主義は「分かちあう」もの。考え方や態度の基盤としているものが、まったく違うのです。

現在の株主資本主義には、遅かれ早かれ、限界がきます。短期的な利益の最大化を追求し続ければ、中間層が没落して大量の貧困層が生まれ、貧富の格差が急拡大していくからです。そうなれば結局、経済はダメになってしまいますよね。多くの消費者層、購買層が消えてしまうということですから。

だからこそウォールストリートは、次なる一手として「中長期の株主資本主義」にシフトしていこうと企図しているのです。現在のように激しい格差を生む短期利益の追求ではなく、中長期で株主の利益を最大化していく戦略です。そして、中長期で株主利益を生みだすためには「従業員の生活も保証してやらなければならない」ということに、だんだん気がつきはじめています。彼らは、見かけ上は「従業員を大切にする」ようになるでしょう。でも、その根底にあるのは、あくまで「株主の利益の最大化」なのです。そのために「従業員も大事にする」のです。公益資本主義のように

「従業員の生活こそ豊かにしよう」という発想ではない。経済がダメにならないくらいに、反対運動が起きないくらいに「従業員たちも豊かにしてやろう」という考えです。

これがステークホルダー資本主義と呼ばれるものです。それは、わたしたちの公益資本主義とは、似て非なるものです。根本の思想が、まったく正反対です。経済の情勢が変わったら、ただちに放棄されてしまう考え方です。

ニセモノが世の中に広まって、人々がうまくごまかされてしまう前に、公益資本主義的な会社が評価される社会を実現したい。そのためには、ひきつづき公益資本主義の研究を進め、理念に共感してくれる研究者を支援していきたいと思っています。彼らの理論体系を、少しでも多くの人たち、とりわけ日本の若い人たちに伝えていこうと考えています。

コロナのような災厄が起こって1年や2年売り上げが立たなくても、従業員の給料やボーナスをしっかり払い、従業員とその家族を守ること。そんな会社を、まずはこの日本に、ひとつひとつ、つくっていきたいと思っています。将来、ふたたび大きな地震に見舞われないとも限りません。工場が止まってしまえば、メーカーは大打撃を被ってしまいます。そこで「すべて終わり」とならないためには、企業の「内部留保」をしっかり蓄積しておくことが非常に重要です。株主資本主義者たちは、内部留保も自社株買いや配当として吐き出せ、株主へ還元しろと主張します。会社の存続と社員の雇用を第一と考える肚のすわった先見の明のある経営者なら、何を言われても決して内部留保を株主のためだけに吐き出してしまうようなことはしないでしょう。その代わり、研究開発や設備投資、給与の増額といったことのために使うはずです。しかし、サラリーマン社長が、株主資本主義的な社外取締役に囲まれていたら、どうでしょうか。言われるがままに内部留保を株主に配ってしまい、結果、その会社からは「いざというときに生き延びる力」が失われてしまうのです。

だからこそ、利益剰余金や資本剰余金を配当に使うことができるという現行の会社法を改正し、内部留保をしっかり確保できるようにしなければなりません。パンデミックや天変地異が起こっても、ある程度は従業員とその家族の生活を支えられるよう、企業というものの在り方を変えていく必要があるのです。

## 日本を「希望の国」にする

公益資本主義の「ソフト」な考え方で、弱肉強食の世界に立ち向かえるだろうか。そのように感じる人もいるかもしれません。いまのところ、世界を席巻しているのは、アメリカをはじめ世界の強国の設定した新自由主義・株主資本主義のルールだからです。

この先、経済力や軍事力では、アメリカや中国に対抗することはできません。そのことは、残念ながら、明らかです。であるならば、軍事や経済の「力」ではなく、別の手段で対抗していかなければならない。それは、何か。わたしは「あこがれ」という、まさしく「ソフトな力」だと考えています。イソップ童話にも、北風と太陽の物語がありますよね。公益資本主義の考え方に耳を傾けてもらおうと思って、それまでの「アメリカ製のコート」を脱がせようと思っても、力ずくでは無理です。でも、公益資本主義の考え方をいちはやく採用した日本が、誰もがうらやむ魅力的な国となり、周囲の国々をぽかぽかあたためはじめたら。みんな、自ら進んでアメリカのコートを脱いでくれると思います。それが「世界からあこがれられる力」なのです。

ひとつの具体例を挙げましょう。いま、わたしが難病や希少疾患の問題について考えていることです。まず、我が国日本は、ノーベル賞受賞者・山中伸弥《しんや》教授のｉＰＳ細胞をはじめ、先端医療分野で世界的にも大きな優位性を持っています。しかしながら、ご存知のように、いわゆる「新薬」が承認されるまでには、通常10年単位の長い時間がかかります。さらに希少疾患は患者数が少なく、利益が見込めないために製薬会社が開発に踏み切れないという現状もあります。潰瘍性大腸炎、パーキンソン病、全身性エリテマトーデス、クローン病、後縦靱帯骨化症《こうじゅうじんたいこっかしょう》……など、たしかに日本国内の患者数を見れば「少ない」のですが、世界全体では数百万人の患者が存在します。そこで日本国内に「先端医療国家戦略特区」を創設するのです。そこでは、動物と人間における安全性、動物実験における有効性、人間に対して科学的に有効であるということが理論上、十分に検証された薬に「仮承認」を与えます。どの国でもまだ使えない薬が使えるとなれば、世界中から難病患者と研究者が「特区」へ集まってくるはずです。自分の国にいたのでは治せない病気でも「日本へ行けば、治せるかも知れない」と。わたしは、そのようにして、この日本を世界の難病患者にとっての「希望の国」にすることができるのではないかと考えています。

日本は、世界でもっともはやく超高齢社会へ突入しました。冒頭でもお話ししましたが、わたしは、このことは、必ずしも悲観すべき事態ではないと考えています。癌をはじめとした病気に罹ってしまっても、大きな怪我をしてしまっても、最先端医療によって十分に回復することができ、健康を取り戻すことができる社会。天から与えられた寿命をまっとうする直前まで、健康で元気に暮らすことができる社会。そんな社会の恩恵を、すべての国民がもれなく享受できる、世界初の国。わたしは、この日本を、そういう国にしたいのです。

繰り返しますが、軍事や経済では、アメリカと中国という2大大国に勝つことはできません。であるならば、米中がやりたくてもできないことを日本が実現すればいいのです。

「すべての国民が健康なまま天寿をまっとうできる国」をどこよりはやく達成できるのは、世界で最初に超高齢社会を迎えた日本です。アメリカや中国より人口が少なく、国土も狭いことを逆手に取るのです。世界に先駆けて、健康なまま、与えられた天寿をまっとうできる国を実現できたら。みんな、日本に賛同し、日本にあこがれるでしょう。

公益資本主義の考え方で、まずは日本に、続いて世界中に、「教育を受けた、健康で豊かな中間層」をたくさんうみだしていく。日本を「希望の国」にする。それが、わたしの人生における最大の目標であり、一生をかけて実現したい夢なのです。

# おわりに——命より大切なものを見つけてほしい

1997年。本書でも何度か触れていますが、同年のビジネス・ラウンドテーブル（アメリカの主要企業が名を連ねる経済ロビー団体）が「株主資本主義」の原則を打ち出しました。

直感的に、わたしは、強い危機感を抱きました。そんなことをすれば、地に足のついた実体経済は衰退し、刹那的で暴力的な金融経済が猖獗《しょうけつ》を極めるだろう、と。いきおい株主や経営陣の視野・思考は短期主義的となり、「投資」は「投機」へと変貌する。投機は必ずバブルを生み、バブルは必ず崩壊する。経済や数学の難しい理論を持ち出すまでもなく、歴史によって証明された法則です。さらに、バブル経済が崩壊すれば中間層の富は富裕層によって奪い取られ、かつてない「超富裕層」が生まれる。

他方で、社会経済の中心を担ってきた中間層は貧困層へと没落していく。こうして社会は「分断」される。公益資本主義の考え方を用いて、健康で豊かな中間層をつくっていかねばならないと決意したのは、そのようなアメリカの行く末に世界の危機を見たからです。

あれから30年近く経ちますが、現在のアメリカは、残念ながら、最悪のシナリオどおりに歩みを進めているように見えます。

１９９０年代後半のアメリカでは「ニューエコノミー」という言葉がもてはやされていました。ＩＴ革命と金融のグローバル化を軸とした新たな産業構造によって、好況と不況を繰り返す従来型の景気循環サイクルは消滅し、アメリカは永遠に経済成長を続けていける国になったと喧伝されたのです。世界的な経済学者たちによって主張されていたその考え方に、わたしは、どうしても納得できませんでした。考古学的に、つまり数千年数万年のスパンでものごとを考えたときに、来たるべき21世紀の世界のありようについて、それほど楽観的でいることができなかったのです。

わたしが「現在のアメリカの資本主義は、社会に有用な企業をすべて崩壊に導いていく可能性がある。その元凶は、企業統治の要をなす『企業は株主のもの』という誤った考え方そのものにある」と読売新聞に書いたのは、２００３年。以降20年以上にわたって、株主資本主義へと傾斜していく流れを食い止めようと精一杯活動してきました。社会的な分断の深まりを目の当たりにしたビジネス・ラウンドテーブルも、2019年8月19日付の声明で、自ら企業経営の金科玉条としてきた株主資本主義を批判・撤回し、ステークホルダー資本主義への転換を宣言します。しかし、残念ながら現在でも株主偏重の流れを変えるにはいたっていません。

この間わたしは、アメリカ内部からアメリカを変えるのでなく、アメリカの外側からアメリカを変えてゆこうと試行錯誤してきました。公益資本主義の考え方を用いて、我が国日本が、アメリカの課題を解決できないだろうか。そうすることで、1945年の敗戦以来の不均衡な日米構造から脱却できるのではないかとも考えていました。

結果として、わたしの活動はいまだ実を結んでいません。高名な経済学者も有力な政治家も政府の重要な役人たちも、その多くが、株主資本主義の考え方に染まっていたからです。変革を拒む壁が、四方を取り囲むようにそびえ立っていました。それらの壁が、これほどまでに強固で分厚いとは。わたしの予想を、遥かに超えていました。

しかし、彼らのロジックを追求した結果、アメリカはどうなったでしょう。経済的貧困が蔓延し社会不安が増大する一方、ひとにぎりの超富裕層がこの世の春を謳歌しています。人々の間には経済的・文化的な断絶がうまれ、世界最強国の社会は深い混迷のさなかにあります。新自由主義のミルトン・フリードマン教授をはじめ「アメリカの知性」と見なされていた人たちは、決定的に誤っていたのではないか？　そのことに、アメリカの人々は気づきはじめています。深刻な問題を抱えるアメリカ社会の惨状が、新自由主義や株主資本主義の誤りを証明しているのです。

そのような現状に対し、どのように変革を起こしていけばいいのだろう。そう考えたときに、わたしは「香港」の地を選びました。わたしの年齢から考えて、もはやアメリカ国内から社会を変えていくには「土俵」が大きすぎます。中国も同様です。政治体制的にも、わたしの考えと100％一致するとは思えません。そこで「香港」なのです。人口は約750万人と少ないながら、環太平洋地域経済の中核をなすエリアのひとつです。ブラックロックやＪＰモルガンなど大手投資会社や巨大銀行が拠点を構え、ハーバードやスタンフォード、ケンブリッジといった世界トップクラスの大学の研究機関も存在します。まずは、この可能性に満ちた土地で公益資本主義を実践し「教育を受けた、健康で豊かな中間層」を創出していく。香港の経済界や大学関係者と力を合わせながら、たしかな実例を着実につくりあげてゆきたい。公益資本主義に興味や理解を示す若者は世界中にいますが、とりわけ香港では、そのための舞台づくりに注力してきました。

いま、優秀な若者たちがこの地に集い、希望に燃えて活動しています。もちろんお金だって大事だけれど、彼らは、香港から世界を変えていくんだと挑み続けています。健康で豊かな中間層が大いに活躍できる社会をつくりたいと奮闘しているのです。

そんな彼らに負けまいと、わたしも、自分の会社デフタ・パートナーズと香港大学との間に合弁のベンチャー企業を立ち上げました。わたしに残された時間はそう長くはないかもしれませんが、わたしはこの地で、わたしの挑戦を続けていこうと思っています。

人生には「命より大切なもの」がある。そう信じて生きてきました。それは「命を粗末にしていい」という意味では、もちろんありません。与えられた命を精一杯燃やして取り組み、成し遂げたいと思える夢や目標を見つけられた人生は、幸せです。これからの時代を生きる若い人たちには、ぜひ、このことを知ってほしい。自分にとっての「命より大切なもの」って何だろう。そう思える何かを、探し出してほしいのです。

急にそんなことを言われても、どうしたらいいかわからないという人もいるでしょう。自由で平和で安全な日本という国に暮らしていたら、なおさらかもしれません。そういう人たちには、いちど途上国を訪れてみたらとアドバイスしています。アフリカ、アジア、ラテンアメリカ。現地の困難な状況に触れ、解決すべき問題に取り組めば、必ず何かを感じることができるでしょう。

わたし自身、若いころに考古学の研究で訪れた中米で、たくさんのことを学びました。危険な目に遭うことだってあるかもしれない。でも、そこではじめて、自由や平和、安全の尊さを理解できるのです。さらには、どんな夢であっても、それを叶えるために「挑戦することができる」ことのありがたさも、わかるはず。

もしいま、あなたが世界の紛争地帯で暮らしていたら？　夢を叶えるどころか、日々を生き抜くだけで精一杯ですよね。日本では、少しくらい失敗したって、どうってことありません。ましてや命を奪われることなど滅多にない。であれば、あなたもぜひ「命より大切なもの」を見つけ出し、文字通り「一所懸命」に取り組んでほしい。それが、いまの若い人たちへの、わたしの望みなのです。

日本には「八《や》百万《およろず》の神」という考え方があります。これまで世界の国々を見てきた経験から、わたしは、日本人には多様な価値観を受け入れる素地があると思っています。歴史を振り返っても、仏教やキリスト教、イスラム教など世界の宗教や、中国やヨーロッパ、アメリカなど各国文化を受け入れてきました。わたしたち日本人には、多種多様な価値観と「共存できる力」があるのです。そして、そうした力こそが、現在の「分断の社会」を融和へと導く鍵だと思っています。

公益資本主義の考え方に基づいて、世界中に健康で豊かな中間層をつくり出すこと。日本人には、とりわけ日本の若者たちには、そんな大仕事をやってのける力がある。わたしは、そう信じています。

**原丈人**（はら・じょうじ）
1952年大阪府生まれ。慶應義塾大学法学部卒業後、中米で考古学を研究。27歳でスタンフォード大学経営大学院に入学。その後、工学部大学院に転籍。在学中にシリコンバレーで光ファイバーディスプレイ開発メーカーを創業。84年デフタ・パートナーズを創業し、情報通信、半導体技術、創薬等のベンチャー企業に出資、経営を行う。90年代には、自身がパートナーを務めるアクセル・パートナーズが全米第2位のベンチャーキャピタルとなり、シリコンバレーを代表するベンチャーキャピタリストとなる。85年アライアンス・フォーラム財団を設立し代表理事に就任。「世界中に健康で教育を受けた豊かな中間層を生むこと」を目的とした活動を続けている。並行して各国の政府委員等を歴任。日本では、財務省参与（2005〜09年）、内閣府本府参与（13〜20年）、経済財政諮問会議専門調査会会長代理など。著書に『新しい資本主義』『増補 21世紀の国富論』『「公益」資本主義』などがある。

**奥野武範**（おくの・たけのり）
1976年群馬県生まれ。編集者。早稲田大学政治経済学部卒業後、宝島社に入社。2005年、東京糸井重里事務所（現ほぼ日）に入社。「ほぼ日刊イトイ新聞」編集部に所属。宝島VOW3代目総本部長も務める。企画・構成・文を担当した書籍に『インタビューというより、おしゃべり。』『世界を見に行く。』『レ・ロマネスクTOBIのひどい目。』『33の悩みと答えの深い森。』『編集とは何か。』『バンド論』『赤の謎　画家・笹尾光彦とは誰なのか』『常設展へ行こう！』『挑む人たち。』『現代美術作家・加賀美健の最近、買ったもの。』がある。

本書は書き下ろしです。

富《と》める者《もの》だけの資本主義《しほんしゅぎ》に反旗《はんき》を翻《ひるがえ》す

発　行　2025年4月25日

著　者　原丈人《はらじょうじ》
聞き手・奥野武範《おくのたけのり》

発行者　佐藤隆信
発行所　株式会社新潮社
〒162-8711　東京都新宿区矢来町71
電話　編集部　03-3266-5611
　　　読者係　03-3266-5111
https://www.shinchosha.co.jp

装　幀　三森健太（JUNGLE）
装　画　二宮由希子
組　版　新潮社デジタル編集支援室
印刷所　株式会社光邦
製本所　加藤製本株式会社


ISBN978-4-10-356261-0 C0095